晚清民國時期中國名勝古蹟圖集

黎朝社 題籤

晚清民国时期中国名胜古迹图集

CHINESE HISTORICAL SITES OF THE LATE QING DYNASTY AND THE REPUBLIC OF CHINA

全本精装版

第拾贰卷

VOLUME 12

- BEIJING CITY OF HEBEI PROVINCE
- CHANGPING COUNTY OF HEBEI PROVINCE
- FANGSHAN COUNTY OF HEBEI PROVINCE
- YIXIAN COUNTY OF HEBEI PROVINCE
- XINGLONG COUNTY OF HEBEI PROVINCE
- JIXIAN COUNTY OF HEBEI PROVINCE

河北北京
河北昌平　河北房山
河北易县　河北兴隆
河北蓟县

[日] 常盘大定　关野贞　著

周国强　译

图书在版编目（CIP）数据

晚清民国时期中国名胜古迹图集：全本精装版. 第十二卷 /（日）常盘大定,（日）关野贞著；周国强译 . -- 北京：中国画报出版社, 2019.6（2024.7重印）
ISBN 978-7-5146-1726-9

Ⅰ.①晚… Ⅱ.①常… ②关… ③周… Ⅲ.①名胜古迹—中国—近现代—图集 Ⅳ.①K928.70-64

中国版本图书馆CIP数据核字(2019)第049257号

晚清民国时期中国名胜古迹图集（全本精装版）　第十二卷

[日] 常盘大定　关野贞　著　　周国强　译

"十三五"国家重点图书出版规划
国家出版基金资助项目

策　　划：于九涛
项目主持：于九涛　齐丽华
本卷主编：张明杰
校　　译：佟　一
责任编辑：廖晓莹
封面设计：郑建军
责任印制：焦　洋

出版发行：中国画报出版社
地　　址：中国北京市海淀区车公庄西路33号　邮编：100048
发 行 部：010-88417418　010-68414683（传真）
总编室兼传真：010-88417359　版权部：010-88417359

开　　本：16开（889mm×1194mm）
印　　张：18.5
字　　数：100千字
版　　次：2019年6月第1版　2024年7月第3次印刷
印　　刷：三河市金兆印刷装订有限公司
书　　号：ISBN 978-7-5146-1726-9
定　　价：1980.00元（全十二卷）

作 者

常盘大定（1870—1945）

日本宫城县人，研究中国佛教之学者。历任日本真宗中学、天台宗大学、日莲宗大学、真宗大学、丰山大学、东京大学等校教师。1920年以后五次来华，研究敦煌、云冈、龙门诸石窟及房山石经等佛教史迹。主要著作有《印度文明史》、《释迦牟尼传》、《中国佛教史迹》、《中国佛教史迹英文评解》五册（与关野贞合著）、《中国文化史迹》十二册（与关野贞合著）等。

关 野 贞（1868—1935）

日本近代著名建筑史研究家，生前为东京大学工学部建筑学科教授。不仅在日本建筑史方面造诣很深，而且在中国、朝鲜等国的建筑与美术史研究界也享有盛名。曾多次到中国、朝鲜及印度等国实地考察，撰写了一批影响深远的考察报告和学术论著。主要著作有《日本的建筑与艺术》、《朝鲜的建筑与艺术》、《中国的建筑与艺术》、《中国文化史迹》十二册（与常盘大定合著）等。

译 者

周国强

北京师范大学中文系毕业，文学博士，长崎县立大学国际社会学院副教授，主要研究中国文学、对外汉语教学。主要著作有《中国语ABC》《中国年中行事·冠婚葬祭事典》《中国语惯用句型500》《中国语量词500》《铅笔记忆中国语》《佩里远征日本随行记》《侵华与忏悔——日本老兵证言实录》等。

目录

河北北京 ... 七

- 北京城 ... 八
- 内城 ... 八
- 外城 ... 二〇
- 禁城宫殿 ... 二〇
- 景山 ... 三四
- 北海 ... 三六
- 天坛 ... 三八
- 地坛 ... 四六
- 雍和宫 ... 四八
- 国子监 ... 六六
- 文庙 ... 七〇
- 法源寺 ... 七六
- 双塔寺 ... 七八
- 大钟寺 ... 八〇
- 天宁寺 ... 八二
- 八角十三层砖塔 ... 八二
- 梵钟 ... 八八
- 妙应寺 ... 九〇
- 大正觉寺 ... 九二
- 东黄寺 ... 一〇〇
- 西黄寺 ... 一〇八
- 班禅喇嘛塔 ... 一一二
- 白云观 ... 一一六
- 东岳庙 ... 一二四
- 碧云寺 ... 一三〇
- 卧佛寺 ... 一三六
- 戒台寺 ... 一三八
- 万寿山　颐和园 ... 一四〇
- 玉泉山　静明园 ... 一五〇
- 圆明园址 ... 一五四
- 宛平　卢沟桥 ... 一五六
- 八里庄　慈寿寺砖塔 ... 一六〇

CONTENTS

Beijing City of Hebei Province

- Beijing
- Inner City
- Outer City
- The Forbidden City
- Jingshan Park
- Beihai Park
- Temple of Heaven
- Temple of Earth
- Yonghe Lama Temple
- Imperial College
- Confucian Temple
- Fayuan Temple
- Shuangta (Double Pagodas) Temple
- Dazhong (Big Bell) Temple
- Tianning Temple
- Thirteen-storey Octagonal Brick Pagoda
- Great Bell
- Miaoying Temple
- Great Zhengjue Temple
- Donghuang Temple
- Xihuang Temple
- Panchen Lama Pagoda
- Baiyun Taoist Temple
- Dongyue Temple
- Biyun Temple
- Wofo Temple
- Jietai Temple
- Wanshou Mountain　The Summer Palace
- Yuquan Mountain　Jingming Palace
- Yuanmingyuan Park
- Wanping County　Lugou Bridge
- Balizhuang District　Brick Pagoda of Cishou Temple

河北昌平 — Changping County of Hebei Province

明十三陵 — The Ming Tombs
长陵 — Tomb of Emperor Zhu Di … 一六四

居庸关 — Juyongguan Pass
四天王像 — Statue Featuring Four Buddhist Heavenly Kings … 一九四
壁刻陀罗尼 — Dharani Carved on the Wall … 二〇六

河北房山 — Fangshan County of Hebei Province

云居寺 — Yunju Temple … 二〇八
石经的发愿 — Vow to Carve Buddhist Sutra on Stones … 二〇八
隋唐的刻经 — Buddhist Sutra Carved in the Sui and Tang Dynasties … 二一二
辽代的续刻 — Buddhist Sutra Carved in the Liao Dynasty … 二一二
房山石经的成就 — Achievement of Buddhist Sutra Carved on Stones in Fangshan County … 二一三
石经附记 — Appendix about Buddhist Sutra Carved on Stones … 二一四
南塔（压经塔） — South Pagoda (Sutra Housing Pagoda) … 二一六
北塔（红塔） — North Pagoda (Red Pagoda) … 二二〇
静琬法师塔 — Pagoda for Master Jingwan … 二二四
小西天　唐刻经碑 — Minor Buddhist Paradise　Stele about Sutra Carving of the Tang Dynasty … 二二六
小西天　续镌成四大部经记碑 — Minor Buddhist Paradise　Stele about the Carving of Four Classics of Sutra … 二二八
南塔下　续秘藏石经塔 — Pagoda of Sutra Carved on Stones at the Foot of South Pagoda … 二三〇
小西天 — Minor Buddhist Paradise … 二三四
小西天　雷音洞 — Minor Buddhist Paradise　Leiyin Cave … 二四〇
静琬法师塔　西北小塔 — Pagoda for Master Jingwan　Northwestern Small Pagoda … 二四四
北塔四隅　小石塔 — Four Corners of North Pagoda　Small Stone Pagoda … 二四四
北塔东南　小塔 — Southeastern Part of North Pagoda　Small Pagoda … 二四六
北塔东北　小塔 — Northeastern Part of North Pagoda　Small Pagoda … 二五〇
北塔西南　小塔 — Southwestern Part of North Pagoda　Small Pagoda … 二五四
北塔西北　小塔 — Northwestern Part of North Pagoda　Small Pagoda … 二五四
小西天中台　小石塔 — Middle Altar of Minor Buddhist Paradise　Small Stone Pagoda … 二五六
小西天南台　小石塔 — Southern Altar of Minor Buddhist Paradise　Small Stone Pagoda … 二五八

易州铁佛像颂碑 — Stele of Iron Buddha Statue in Yizhou County … 二六〇

金陵 — Jinling Tombs … 二六二

河北易县 二六八
清西陵 二六八

河北兴隆 二八二
清东陵 二八二

河北蓟县 二八四
独乐寺 二八四
山门 二八四
观音阁 二八六

译后记 二九六

Yixian County of Hebei Province
Western Tombs of the Qing Dynasty

Xinglong County of Hebei Province
Eastern Tombs of the Qing Dynasty

Jixian County of Hebei Province
Dule Temple
Gate of the Temple
Godness Guanyin Pavilion

Translator's Notes

河北北京
BEIJING CITY OF HEBEI PROVINCE

BEIJING CITY OF HEBEI PROVINCE

CHANGPING COUNTY OF HEBEI PROVINCE
FANGSHAN COUNTY OF HEBEI PROVINCE

YIXIAN COUNTY OF HEBEI PROVINCE
XINGLONG COUNTY OF HEBEI PROVINCE
JIXIAN COUNTY OF HEBEI PROVINCE

河北北京
河北昌平　河北房山
河北易县　河北兴隆
河北蓟县

北京城

北京的城区格局十分整齐雄伟。城墙把城市分成了内城和外城两部分。内城周长四十里，城墙的高度为三丈五尺五寸。外城位于内城的南边，周长二十八里，环抱内城东西两角楼，城墙高二丈。内外两城组合，形如凸字。内城中央有周长十八里的皇城，皇城内还有周长六里的紫禁城。这两重城墙形如回字。外城七门，内城十一门，皇城九门，紫禁城四门，其名称如下。

（一）外城各门：永定门、左安门（俗称礓礤门）、右安门（俗称西南门）、广渠门（俗称沙窝门）、广安门（俗称彰仪门）、东便门、西便门。

（二）内城各门：正阳门（俗称前门）、崇文门（俗称哈德门）、宣武门（俗称贤治门）、水门、和平门、阜成门（俗称平则门）、朝阳门（俗称齐化门）、东直门、西直门、德胜门、安定门。

（三）皇城各门：中华门、天安门、端门、地安门、东安门、西安门、东长安门、西长安门、新华门。

（四）紫禁城各门：午门、神武门、东华门、西华门。

围绕内外城的城墙有六十八里。虽不及南京宽广，但内城宫廷的建筑、道路的整治、市面的繁华，都是新兴南京难以企及的。

城墙的建置远在隋唐之前就有，可其具体位置已难以考证。唐置幽州，才有城墙痕迹可循。五代结束入辽，辽太宗会同元年（938）将幽州城改称南京，设幽都府。辽圣宗开泰元年（1012），改幽都府为析津府，建八门三十六里方城，改称燕京。宋宣和四年（1122）为金所夺。五年复归宋，称燕山府。七年再度被金占领，恢复燕京之名。金贞元元年（1153），燕京作为圣都被改称中都，筑内外城。至元九年改称大都，再建有十一座门，周长六十里的新城。明初改称北平府，永乐定都后改称北京。清设顺天府，置京兆尹为行政长官至民国。后国都南迁，设北平市政府。

唐、宋、辽、元、明五代城墙的位置与现在的大不相同。唐的幽州城及宋的燕山府、辽金的故都，都在现外城的西南部。元大都面南向北改建，位置大约在现在东西长安街，包括黄寺一带。德胜门外的土城关等正是其当年遗址。辽的都城比较窄小，金中都扩大了面积，元大都则北迁并建造得非常宏伟。

内城

城区分为内外两部分。现在的内城始建于明洪武元年（1368），改大都为北平府，并将城北内缩五里。废原城东面、西北面的光熙、肃清二门，另筑新城。新城外砌砖石，四周挖壕。永乐元年（1403）改北平

府为顺天府。永乐四年（1406）修建了禁城宫殿并加修了城墙。永乐十八年（1420）的重修使其变得更加宏伟。正统元年（1436）修建了九门城楼。正统四年（1439）修缮了城壕桥闸，辟九门，城东、西、北各两座，南三座。南为丽正、文明、顺承三门。东是齐化、东直两门。西二门是平则和西直。北有安定、德胜两门。正统元年（1436），丽正被改为正阳，文明改为崇文，顺承改为宣武，齐化改朝阳，平则变为阜成。清初的旧称至民国后仍在沿用。各城门上均建有城楼，其中正阳门楼最是宏伟，城上四角的角楼也很壮丽。（图1-1）城前三门都筑有规模很大的瓮城。现在正阳门和宣武门的瓮城已遭撤废，其他各门的瓮城规模都不大，大多已经毁弃。各门上虽都建有箭楼，但保存完好的只有西直门箭楼。东便门角楼也格外壮观。

图1-1·北京城·正阳门

旧皇城

内城中有皇城，周长三千六百五十六丈五尺，高一丈八尺。南有中华门，清时称大清门，明为大明门。前有棋盘街，石栏互环，绿荫低垂。以前大清门内有千步廊，还有户部的米仓和工部的木仓。正北抵天安门，东临东长安门，西接西长安门，各有三阙，尽属禁地，行人不得往来。民国后才开放。千步廊、米仓、木仓今已无存，唯遍植杂木花草，成了市民游玩之地。

正中有天安门，南向，旧称承天门，清顺治八年（1651）重建后改称现名，为皇城正门。门上有五阙重楼九楹，彤扉三十六扇。门外有华表两柱和金水桥。(图1-2) 皇城有四座城门，南为天安门，北为地安门，东为东安门，西为西安门。其他几门还在，只有东安门已被拆毁。民国后皇城的城墙陆续被拆除，现仅存天安门左右两边的数十丈、中华门内左右各百余丈。

旧禁城在皇城中，旧称紫禁城。(图1-3) 城为正方形，南北各三百三十六丈，东西各三百零二丈九尺五寸，高三丈。共有四门。南边的叫午门，北边的叫神武，东边东华，西边的叫西华。城四角均有角楼，建造甚为精巧。午门最为壮观，是紫禁城的正门。因三阙之上覆盖着金翅般的琉璃瓦，城台两翼建有重檐四耸攒尖顶方亭，故俗称五凤楼。(图1-4) 北边的神武门亦气势恢宏，现有横匾上书"故宫博物院"五字。东、西华门上也均有三阙城楼。(图1-5、图1-6)

图 1-2·北京皇城·天安门

图 1-3 · 北京皇城 · 紫禁城远景

图 1-4 · 北京城 · 午门

图1-5·北京城·东华门

图1-6·北京城·西华门

外城

关于建城,从明洪武年间就开始讨论,但当时边报频传,无暇顾及,至嘉靖三十二年(1553)才得以修筑。古来有城必有郭,城为护民,郭为守城。先由南筑起,然后延向四周。正南的城墙属于今城,长二十八里,有七座城门。南有永定、左安、右安三座,东有广渠、东便两座,西有广宁、西便两座,广宁为避讳改称广安。测量长度南边为两千四百五十四丈四尺七寸,东边为一千零八十五丈一尺,西边为一千零九十三丈二尺。各高两丈,厚两丈。城正北面的正阳门外有箭楼一座。民国三年(1914)拆除了瓮城,改建为国货陈列馆。楼前有正阳桥。桥前有五牌楼,此处以北是北京最繁华的地区,街道宽阔,直通天桥和永定门,被称为正阳门大街,俗称前门大街或五牌楼大街。

北京城垣的格局及城名的变迁是历史上改朝换代的结果,其变化轨迹如下:

唐幽州	里数不明
辽燕京	城周长三十六里
金中都	城周长七十五里
元大都	城周长六十里又二百四十步
明清北京	城内外周长五十八里
幽州	隋唐五代约四百年
辽南京	七十五年
辽燕京	一百一十年
宋燕山府	三年
金圣都	数月
金中都	一百四十二年
元大都	一百零一年
明北平府	三十五年
明清民国北京	五百二十五年(永乐元年至民国十七年)

北京作为元、明、清三朝的帝都所遗留下来的伟大建筑就是宫殿。

禁城宫殿

旧称大内。民国成立后开放了前三殿,设置了展示清皇室珍宝的古物陈列所。民国十三年(1924)由委员会接收。民国十七年(1928)组建了故宫博物院,负责管理故宫的所有宫殿。如此,前三殿及其附属建筑归古物陈列所,乾清门内各宫殿归故宫博物院分别管理。

要说前三殿的概况,得先从午门说起。午门是禁城的正门,内有东西两庑房。东庑房中间有协和门,西庑房中间有熙和门(原为雍和门),两庑房北边正中面南的是太和门。(图1-7)九楹三门,前后有陛各三出,左右有陛各一出。重檐翚飞、石栏曲折。列两铜狮,四宝鼎。环金水河,河上跨五石桥。太和门外左右各有一门,皆面南。左称昭德,右为贞度。太和门内有东西庑房各三十二间。东庑房中有体仁阁,西庑房中有弘义阁,各重楼面阔九间。东庑房之北有左翼门,西庑房之北有右翼门,东西相向。东西庑房之间是太和殿。

太和殿基台高两丈,殿高十一丈。面阔十一间,进深五间。康熙八年(1669)重建。其上为重檐庑殿顶,屋脊四垂。前后有金扉四十扇,金锁窗十六扇。殿前露台称丹陛。上面列有十八座宝鼎,铜龟、铜鹤各二,日晷、嘉量各一。丹陛下面的广场是文武百官行礼的地方。殿内陈列着最近从热河行宫运来的众多宝物,墙壁上挂着大幅的名人字画,供游人参观。(图1-8)

中和殿在太和殿后面,规模较小。方檐圆顶,构造独特。内顶的雕刻彩绘非常精美。殿内陈列着许多从热河行宫移来的佛像及有关佛教的绘画。(图1-9)

保和殿在中和殿后面。面阔九间,宽广高大,与太和殿大致相同。殿内正中有皇帝宝座。殿前有金缸四口。(图1-10)

以上为三殿。殿后有乾清门,东面是景运门,西面是隆宗门。

文华殿在太和殿东边。以前是为皇帝进讲的地方。有两座配殿,东称本仁,西叫集义。旁有传心殿,以前是尊拜先圣先师的地方。殿内陈列有很多古今名人的字画。其中有郎世宁手绘的描绘香妃初入中原时的戎装行乐图的油画,此为名画。还有其他历代名家的书画手迹。

武英殿在西面，规模与文华殿相当。里面陈列着历代古瓷、古铜及玉器等宝物。这些都是前皇帝内宫中收藏的秘宝，体现出了中国古代工艺美术的发达水平。(图1-11)东西庑房的配殿。东边的叫凝道，西边的叫焕章。凡宫廷校刊的书籍都收藏在这里。西边还有浴德堂，是乾隆时期香妃沐浴的地方。建筑样式仿照土耳其风格，房子旁边有水井。浴德堂西边的宝蕴楼，是民国三年（1914）在咸安宫遗址上改建的，用以收藏珍贵文物。

武英殿北有断虹桥，北边空地上有十八棵古槐。

因为故宫中殿宇众多，千门万户，难尽其详。故将其区分为五路，即中路、内东路、外东路、内西路、外西路。

（一）中路。从神武门南进至乾清门为中路。门面阔五间。门前三陛三出，各九级，围以石栏，置金狮子。门中设宝座，为奏事之所。门内中路面南的是乾清宫。面阔九间，进深五间，中设宝座，是皇帝在内廷受贺赐宴，召见臣工外番的地方。殿前列铜龟、铜鹤各二，日晷、嘉量各一。殿内左右摆放着图史、玑衡、彝器。东有昭仁殿，原名弘德殿，明万历十四年（1586）改称昭仁。明思宗在殉国前在此手刃其女昭仁公主。乾隆帝将这里用作收藏旧版书籍的地方，内有御笔"天禄琳琅"匾。西有宏德殿，是同治皇帝读书的地方。左边的端宁殿是储存皇帝衣物袍带的地方。右边的懋勤殿是康熙帝读书处。乾清宫的北边是交泰殿，再向北是乾宁宫。交泰殿内圆顶漆金，雕刻着精致的花纹。殿内陈列着收集到的二十五方玉玺。东边有乾隆年间铜壶滴漏一个，西边摆着一座大自鸣钟，制作都非常精美。坤宁宫面阔九间。左边是东暖阁，右边是西暖阁，后边是坤宁门，门外是御花园。御花园正中面南的是天一门。门内面南的是钦安殿，殿内供奉的是玄天大帝。殿后有山，山东边是摘藻堂，曾藏有《四库荟要》一万两千册。

（二）内东路。从摘藻堂侧门向南，再向东拐就到了大成左门，进了门即到钟粹宫。东边有景阳宫。两宫之间有夹道，向北走有门，称千婴门。这一带有一些宫殿。其中有供奉玉帝的玄穹宝殿，为宫内道观之一。千婴门的最南端是麟趾门，西有景仁宫、承乾宫，东有延禧宫和永和宫。出麟趾门西边的咸和门南行，向东拐有门，为斋宫所在。其北有诚肃殿，东有毓庆宫、淳本殿，其东有奉先殿，南边是奉先门。出诚寿门到景运门是为内东路。

（三）外东路。以前统称宁寿宫，占地面积相当于内廷宫殿的四分之一。其规模建制均仿内廷，各有正宫正殿。前有皇极殿，建制如乾清宫。宫前有皇极门，门外有九龙壁。宫后有宁寿宫，其建制如乾宁宫。宁寿宫内，东边摆放着铜壶滴漏，西边有自鸣钟，中间是宝座。再往北有养性殿，建制如养心殿。养性殿北还有乐寿堂。乐寿堂后有颐和轩和景复阁。乐寿堂东有畅音阁，颇宏丽。西南角有文渊阁，西南角最里边是清史馆。现在文渊阁里藏有《四库全书》一百零三架，《古今图书集成》十二架。(图1-12)

（四）内西路。入咸和右门向北有螽斯门。南边是养心殿。养心门北边有西二永巷。巷东有永寿宫、翊坤宫、体和殿、储秀宫和丽景轩。西有太极殿、体元殿、长春宫、咸福宫和同道堂。正北是崇敬殿和重华宫，东邻御花园。

（五）外西路。螽斯门的西边是启祥门。启祥门西为春华门。门内有雨华阁，外观三层，一、二层之间设暗层，为"明三暗四"结构。顶层供奉密集金刚：大威德金刚、上乐金刚各1尊；三层供瑜珈部佛像5尊，暗层供行部佛像9尊，佛母、金刚各4尊，底层供奉无量寿佛等。雨华阁后边是宝华殿，再往后是中正殿，民国十二年（1923）失火后修。殿内供有多尊欢喜佛。春华门西边是寿安门。进门是春禧殿和寿安宫。宫后左有福宜宫，右有宜寿堂，北有英华殿。英华殿内供奉着西番佛像。殿前有两株菩提树，六月黄花，深秋落实。树籽并非由花而来，是与花同时生长，附在树叶背面，晶莹圆润，是做佛珠的好料，为前明李太后所种。太后殁后被尊为九莲菩萨。树北的别殿里有她的画像，供四时祭奠，一如佛事。乾隆时期，在两树之间建了颂扬黄教的碑亭，所以此殿自明至今长久以来就是奉佛之地。

由启祥门南行有慈祥门，入慈祥门，北有中宫殿、东宫殿、西宫殿，前有大佛堂，南边是慈宁宫。

（常盘大定 文）

图 1-7 · 北京城 · 太和门

图 1-8·北京城·太和殿

图 1-9 · 北京城 · 中和殿

图1-10·北京城·保和殿

图 1-11 · 北京城 · 武英殿

图 1-12 · 北京城 · 文渊阁

景山

景山又称万岁山，俗称煤山。周长二里余。山坡遍植松柏，翠色参天，绿荫蔽地，景物极幽。清朝改称景山。

进了大门，面南的是绮望楼，里边供奉着孔子牌位。山有五峰，峰峰有亭。最高的主峰上的是万春亭，登亭远眺，可一望全城。亭内有铜佛一座，被人截去了左臂。左边两亭依次为观妙、周赏。右二亭为辑芳、富览。山东麓路边有一棵古槐，明崇祯帝在此殉国，现有碑。山北有寿皇殿。东西各有配殿，建制仿照太庙。旁边还有永思殿、观德殿、兴庆阁，如今多已朽坏，不值一顾。根据《野获编》记载，万岁山下堆积储备了很多煤炭，以备遭围城时所用，故又称煤山。（图1-13）（常盘大定 文）

图 1-13 · 景山

北海

北海为前代苑囿中的精品。内有三海。郊外虽有畅春、圆明、清漪、静宜、静明、颐和诸园，但世事变迁，畅春、圆明、清漪都已杂草荒芜。静宜、静明两园也仅剩外墙和两三座殿阁。推翻帝制后，三海、颐和诸园都逐渐对外开放，成了人们游乐的场所。

三海是南海、中海和北海。三海旧称太液池，在西苑之中，南北长四里。禁中之人把南海称作瀛台，中海称作蕉园，北海称作五龙亭。民国初年（1912），袁世凯迁居中南海，在金鳌和玉𬭩桥南修了道短墙，将中海、南海与北海一分为二。南海有流水音、勤政殿、香扆殿等。中海有听鸿楼、紫光阁、澄怀堂、居仁堂、怀仁堂、万善殿等。北海有永安寺、琼岛白塔、震旦香沐、天王殿、团城、承光殿等。

北海从辽金时代起就因其风景秀丽，殿宇崇闳而被作为历代帝王的别宫，到了明清更为兴盛。民国十四年（1925）开放，成为北海公园。进入园门是堆云积翠桥。桥北是琼华岛。永安寺就在琼岛山的山麓上。山上有正觉殿和普安殿，上有白塔。白塔建于清顺治八年（1651），雍正年间重修。从普安殿后沿石阶拾级而上至山顶，塔就矗立在这里。塔前的琉璃佛殿名善因。（图1-14）（常盘大定文）

图 1-4 · 北海 · 永安寺白塔远景

天坛

天坛在正阳门外，天桥南偏东。初为洪武合祀天地的地方，称天地坛。内墙外墙都是前方后圆型。老槐古柏，参天蔽日，建筑宏伟，风景幽绝。有两门，皆西向。斋宫、无梁殿铜人、石亭、圜丘坛、皇穹宇、祈年殿、皇乾殿、长廊、燔柴炉、甘泉井、七星石、神乐署、宰牲亭等都在内墙之中。

有关天坛设在南城的记录始于金大定年间，因此可以确定天坛建于金代。其前身金代名拜郊台，位置在现在外城的丰宜门外。《元史·祭祀志》中有中统年间在丽正门外东南七里处建祭台，设昊天上帝皇地祇位，成宗即位即在都城南七里处造坛的记载。元造郊台的位置在永定门外。至明代，祭天祈年的仪式依然承袭前朝在南城举行的传统。

天坛为何物？根据《宸垣识略》记载，天坛周长十里，在正阳门外永定门东，明永乐十八年（1420）建造，垣墙环绕，周长九里十三步，保存至今。

圜丘又称天坛，圆形象征着天。南向，有三层。上层直径九丈，高五尺七寸。中层直径十五丈，高五尺二寸。底层直径二十一丈，高五尺。上层铺石九重，从内环九块逐环递增至外环八十一块。中层从九十块递增到一百六十二块。底层由一百七十一块递增到二百四十三块。共计为阳数的一三五七九块。每层有陛四出，皆九级白石。上层有石栏七十二个，中层一百单八，底层一百八十，合计为三百六十，象征着周天度柱。内墙圆形，周长一百零六丈四尺，高五尺九寸。有四座墙门，均六柱三门。门柱及其门坎都用白石，门扉朱色。墙外东南两地有燔柴炉一座。炉高九尺，径七尺，上覆绿琉璃瓦。有瘗坎一个。燎炉有四，分置于内墙东西两门左右。内墙北门的后边就是皇穹宇。（图1-15）

皇穹宇，南向圆形。八柱圆檐，上为金顶。基座高九尺，直径五丈九尺九寸。有四十九石栏，东西有陛三出，各十四级。有东西庑房五间，陛一出。庑房均覆蓝色琉璃瓦。围墙圆形，周长五十六丈六尺八寸，高一丈八寸。南设三门，有崇基石栏，前后有陛三出，各五级。外墙东门外的东北角有神库、神厨各三间。再往东有宰牲亭、井亭各一坛。外面内垣有四门。东边的叫泰文，南边的是昭亨，西为广利，北称成贞。门皆朱扉金钉，纵横各九。昭亨门外左右各有一石坊。（图1-16、图1-17）

祈年殿在成贞门北。坛圆形，三层南向。上层直径二十一丈五尺，中层二十三丈二尺六寸，底层直径二十五丈。地墁金砖，周围四百二十根石栏。南北丹陛三出，东西一出。上层、二层各九级，三层十级。坛上建殿，圆形。内外有柱各十二。中为龙井柱，四檐三重，上筑金顶。左右庑房各九间，皆覆蓝琉璃瓦。前面是祈年门，崇基石栏。前后各有陛三出，各十一级。门外东南有燔柴炉、瘗坎各一座，燎炉五座。内垣周长一百九十七丈七尺二寸。有四门，北门后是皇乾殿。（图1-18、图1-19）

皇乾殿，五间。上覆蓝色琉璃瓦，南向。正面有

陛三出，东西一出，各九级。有石栏五十九个。内坛东门外有长廊七十二间，二十七间有神厨亭。再过四十七间可至宰牲亭。为制作供馔和糕点时避雨雪所用。坛外围垣有东、西、北三门。南接成贞门，成贞门外的西北有斋宫。

斋宫，东向。有正殿五间，崇基石栏。有陛三出。陛前左边有斋戒铜人石亭，右有时辰碑亭。后殿五间，左右配殿各三间。内宫墙长一百二十三丈九尺九寸，其中三门左右各有一门，墙外有水池环绕，三座石桥左右各一横跨池上，东北角有钟楼。外宫墙长一百九十八丈二尺，有回廊一百六十三间环绕。回廊外另有深池环绕。宫门的石桥和里边的一样。广利门的西北是神乐署，大门东向，面阔三间。里边的凝禧殿面阔五间。后边的显佑殿面阔七间。遵照祭祀律，各室屋檐相连，屋脊相通，廊庑分设，中西作为牺牲所。大门面阔三间，南向，有房九十三间。内奉牺牲神。后有官署，东西的长屋是饲养祭牲的地方。外墙里的西边有一座钟楼。

围着圜丘、祈年殿的围墙有六重，内垣高一丈一尺，墙基厚九尺，墙顶厚七尺，长一千九百八十七丈五尺。西边有两门，南北并列；南边为圜丘入口；北为祈年殿入口，各有三门，还有一个角门。（常盘大定 文）

图 1-15 · 天坛 · 圜丘全景

图 1-16 · 天坛 · 皇穹宇前门

图 1-17 · 天坛 · 皇穹宇

图 1-18 · 天坛 · 祈年殿前陛

图 1-19 · 天坛 · 祈年殿

地坛

地坛又名方泽坛，位于安定门外北郊，为一方形高丘，围墙长五百四十九丈四尺。方形，象征地方。方丘面北有两层，上层方六丈，下层方十丈六尺，各高六尺。上层正中铺六六方石，墁石八方，成八八数，纵横各二十四路。下层墁石为上层倍数，八方为八八数，半径各八路，以合六八阴数。墁石为黄琉璃瓦，每层出四陛，各八级，皆为白石。下层南边左右设五岳、五镇、五陵。石座凿为山形。北边左右设四海、四渎。石座凿为水形。东西两侧各有一座水形纹石雕座，向下凿池蓄水，用以祭祀。东有石龛，分别祭祀着云雨风雷四神。西边有地神室，后边祭祀着土神。祭坛内墙长二十七丈二尺，高六尺，厚两寸。墙北有三门六柱，东西南各一门二柱。柱及门槛皆白石，门扉朱色。墙北门外东北有镫杆一个，西北有瘗坎一个，燎炉五个。外墙长四十二丈，高八尺，厚二尺四寸。门制与内垣相同。东西门内瘗坎，南北各两道墙。园子的围墙为方形，长四十四丈八尺，高一丈一尺，向北开一门。外墙西门外有神库、神厨、祭器库和乐器库各五间，亭两处。西边还有宰牲亭。亭前有井亭，左右各一。西北边是斋宫。

斋宫东向，有正殿七间。崇基石栏，有陛五出。左右配殿各七间。内宫门面阔三间，左右各有门一座。外宫墙长一百十丈二尺，三座城门东向。门东北有钟楼一座。内坛周长五百四十九丈四尺。西北各三门，东南各一门。外墙周长七百六十五丈，有三门西向、角楼一座。夏至之日祭祀。

方丘建于明嘉靖九年（1530），清朝扩建。昭事之礼一如南郊，但规模相去甚远。

上述为旧日情景。民国十三年（1924）开放为京兆公园，外坛辟为农业实验田。

以上根据民国二十四年（1935）12月出版，由北平市政府秘书处编纂的《旧都文物略》及其他书籍编写而成。为求简略，或有取舍不当之处。（图1-20）

（常盘大定 文）

图1-20·地坛

雍和宫

在皇城东北城内，原为雍正的宅邸，登基之后改为喇嘛寺，叫雍和宫。雍和宫正面有东西两门，内有宝坊。东为慈隆宝叶坊，西为福衍金沙坊。正面以石坊为门，上题"寰海尊亲"。里面甬道绵长可到达昭泰门。(图1-21)

门内东西有钟楼、鼓楼及两碑阁相对而立，还有幢杆、铜狮各一对。后边是天王殿，中间奉弥勒，两侧有四大天王像(图1-22、图1-23)，还有韦驮天像。(图1-24)殿阔五间，单层，歇山顶(入母屋造)，用一斗二升斗拱，里边是格天井，屋顶葺以黄瓦。

天王殿之北有碑阁，立有清乾隆五十七年(1792)御笔写的喇嘛说的石碑。碑面上还刻满、蒙、藏、汉四种文字。碑阁方三间，为重层攒尖顶，覆黄瓦。

后面是雍和宫。面阔七间，单层，歇山顶，顶上黄瓦。前一间开放，前边有月台。上设黄绿碧三色砖扶栏。殿为一斗三升斗拱构造。前五厅是花狭间扉，两端是花狭间窗，内部为格天井。

天王殿的左右有回廊，用以连接雍和宫东边的温度孙殿、额木殿，西边的参呢特殿和札宁阿殿。前边的温度孙殿和参呢特殿面阔七间，重层，悬山顶。位于后边的额木殿和札宁阿殿也面阔七间，为单层悬山顶。

雍和宫的后边是永佑殿，面阔五间，单层，歇山顶。其后有法轮殿。(图1-25、图1-26、图1-27、图1-28、图1-29)面阔七间的本殿前边，有面阔五间的前殿。前殿为歇山顶，上覆黄瓦，无梁。后殿颇阔大，屋顶为歇山顶，中间建有方阁，也是歇山顶。大梁中央安放着宝塔。另外在其左右还有小阁，为悬山顶。梁中央也安置着宝塔，里边是格天井。这座宫殿的平面非同一般，形状富于变化，不同于普通佛殿千篇一律的建筑样式，颇引人注目。

法轮殿前边，东配殿和西配殿对列东西，各面阔五间，单层，悬山顶。两殿左右，各另有一殿，东曰药师坛，西名戒坛，都为歇山顶。

法轮殿后是万福阁。(图1-30)阁为三层，上层屋顶为歇山顶，黄瓦覆盖。万福阁左右还有两层阁，也是歇山顶。其上层阁道与万福阁相通。万福阁为一间

开放式楼阁，内有高约五丈的迈达里(弥勒)白檀木像。(图1-31)其雕刻手法技巧都值得一看，把佛的英豪气质表现得很传神。

万福阁前东有昭佛楼，西有雅木得克楼，两楼对立，各面阔五间，重层，悬山顶。万福阁的后边还有绥成殿，面阔七间，重檐，悬山顶。其左右各有一座低一些面阔七间的重层宫殿，与绥成殿相连。(关野贞文)

根据河口惠海的报告，各大殿中供奉的诸佛尊像还有如下。(图1-32)

温度孙殿(普护殿)，正面为第二十四世祖师子比丘及两侍从；左边是五护法金刚及绿色解脱佛母；右端是马头权现。

额木殿(圣母)，中央是新派开祖宗喀巴。殿因左边安放了圣母克鲁克莱而得名。

图1-22·雍和宫·四大天王像

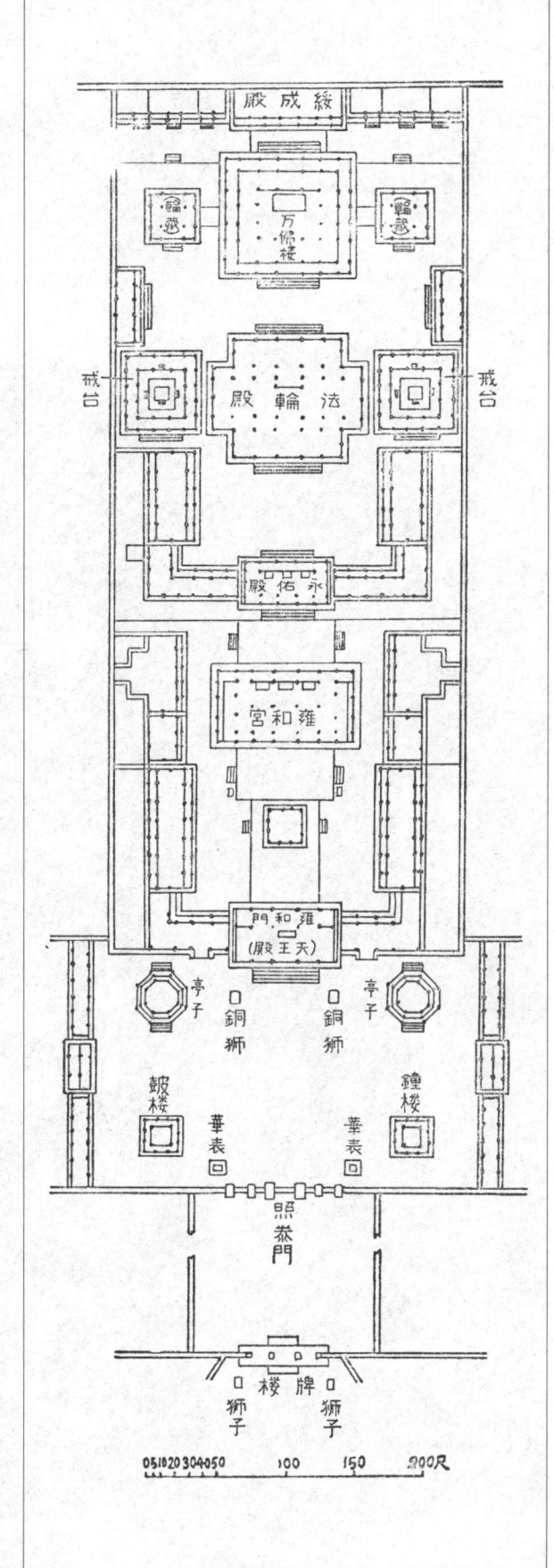

图1-21·雍和宫配置略图

参呢特殿，本尊是宗喀巴。殿因安放了熊面、狮面、虎面三佛母而得名。

札宁阿殿（五族尊殿），安置着属于五族的佛、菩萨、明王。

永佑殿，中央正面是无量寿佛（图1-33）；右边是药师佛；左方是狮吼佛。

法轮殿，本尊是转法轮的释尊像。这里朝夕都在诵《白伞盖陀罗尼经》，也是《都嘎喇经》的道场。

昭佛楼，有释迦的檀木像。释迦，相传诞生于周昭王二十四年，所以被称为昭佛。（图1-34）

雅木得克楼，门楼上奉有阎魔变形明王。

绥成殿，中央是大白伞盖尊；左边是白解脱佛母；右边是绿解脱佛母。在西边的殿里供奉着天亲、阿谛沙、龙树、无著、莲华生五祖。（常盘大定 文）

图 1-23 · 雍和宫 · 四大天王像

图 1-25 · 雍和宫 · 法轮殿

图1-26·雍和宫·法轮殿内部

图1-27·雍和宫·法轮殿五具足

图 1-28 · 雍和宫 · 转轮

图 1-29·雍和宫·牌楼

图1-30·雍和宫·万福阁

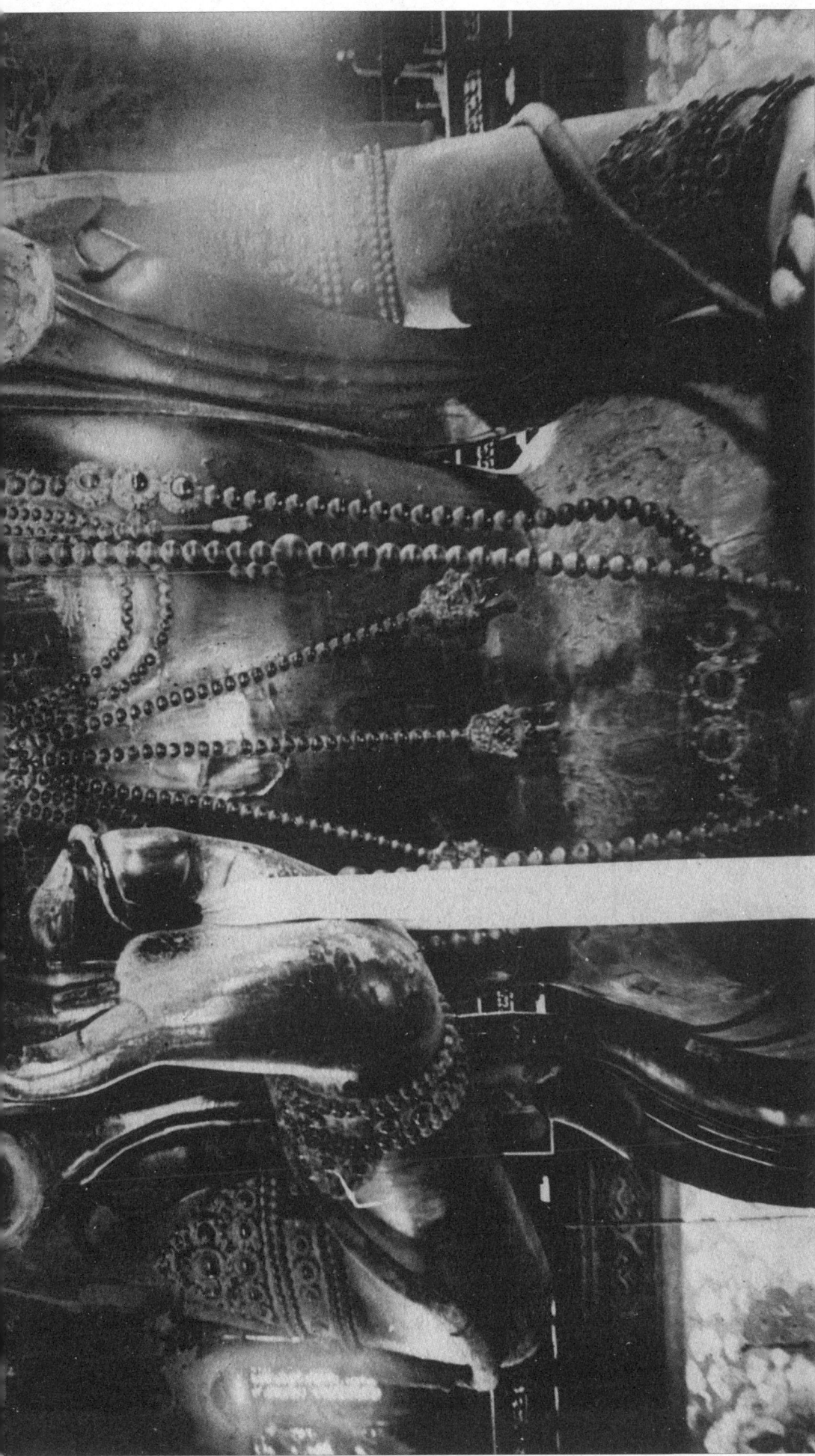

图 1-31·雍和宫·万福阁·迈达里白檀大像

图1-32 · 雍和宫 · 大殿 · 十八罗汉之一

图1-24·雍和宫·天王殿·韦陀天像

图1-33·雍和宫·永佑殿·无量寿佛像

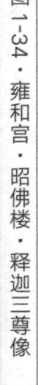

图1-34·雍和宫·昭佛楼·释迦三尊像

国子监

国子监位于北京城内，安定门内崇教坊成贤街，与孔子庙为邻。始建于元代。里边的建筑物有辟雍殿、钟鼓亭、彝伦堂、辟雍宫、集贤门、碑亭、大成门、大成殿等，前后左右连成一片。

元至元元年（1264）国子学建立，至元二十四年（1287）设国子监，是为国家培养人才之地。明洪武年间改为北平郡学。永乐时又恢复原称直至清代。清乾隆四十九年（1784）重加修葺，增建了辟雍、圜桥，使得国子监更加美轮美奂。国子监有门南向，曰集贤门。进门有井亭两座，由此北上可以进到太学门。门内有琉璃坊一座，上书"圜桥教泽"。（图1-35）

左右有钟亭、鼓亭各一座。北边是圜桥，桥上有辟雍殿。殿庭宏伟，圆顶方宇，重檐黄瓦。中设皇帝宝座。殿基方十一丈一尺，殿方五丈三尺，九楹。四面环水，有围墙，桥通四方。池四周有石护栏。岸边设喷泉。辟雍殿的后边是彝伦堂，原来叫崇文阁，为藏书之所。明永乐时改为今名。按旧制，这里是祭酒、司业会讲的地方。正堂七间，东一间作为祭酒、司业的讲坛，其他是诸生听讲的座位。（图1-36）

堂东边是典薄厅，西边是典籍厅，东南有绳愆厅。鼓房的西边是博士厅。钟房的东庑房有率性、诚心、崇志三堂。西庑房有修道、正义、广业三堂。东西各十一间。两廊中竖立着蒋衡书写的石碑，上书八十多万字的《十三经》，耗时十余年，诚为中国文献之瑰宝。另外，国子监里还存有兰亭碑刻，其中最有名的却在民国后遗失。（常盘大定 文）

图 1-35 · 国子监 · 牌楼

图 1-36 · 国子监 · 彝伦堂

文庙

文庙在安定门内成贤街北,朝南。

大成门面阔五间。崇基石栏,前后有陛三出。门内左右列戟二十有四,石鼓十面。左右各有一门,门内房舍均北向。(图1-37)大成殿九楹,重檐黄瓦,崇基石栏,有陛三出。两边庑房各东西向。(图1-38)大殿的房舍朝南。西庑房的南边有一座燎炉,西北有瘗坎一个。甬道两侧是御碑亭,东边六座,西边五座。大成门外,东边有碑亭、神厨、宰牲亭、井亭各一。西边有两座碑亭,还有神库、致斋所、持敬门。持敬门原可通国子监,现关闭。持敬门外有大门称棂星门。(图1-39)门外立有各科进士的题名碑,碑分列左右,其中明代七座,清代一百一十八座。

元初,文庙毁于兵乱。经王檝请求,得以在金枢密院旧址上再建,置学于此,与南城文庙并立。元世祖至元二十四年(1287)迁都北城,将城南的国子监改为大都路的庙学。经过廷议,另建国子监。元大德六年(1302)动工,费时十年建成。明永乐九年(1411)在旧址上重建;嘉靖九年(1530)再次将大成殿改为先师庙,大成门成为庙门;宣德四年(1429),修建了左殿两庑房;万历二十八年(1600)庙顶换成了黄瓦。清顺治八年(1651)重修;乾隆二年(1737)仍用黄瓦;乾隆三十二年(1767)再重修,立高宗纯皇帝御制碑文的石碑;乾隆三十三年(1768)又改先师庙为大成殿,门为大成门。每年春秋五月、八月两月,择日祭祀。清光绪三十二年(1906),孔子大祭,改建了正殿。民国五年(1916),改修了庙墙。

皇帝御笔匾额有圣祖仁皇帝的"万世师表",世宗宪皇帝的"生民未有",高宗纯皇帝的"与天地参",仁宗睿皇帝的"圣集大成",宣宗成皇帝的"圣协时中",文宗显皇帝的"德齐帱载",穆宗毅皇帝的"圣神天纵",德宗景皇帝的"斯文在兹"。殿中正龛供孔子。东西两龛是四配,东西两排是十二哲。东西两庑房中供奉着历代先儒。朝南的就是至圣先师孔子的神位。东边西向的是复圣颜子,述圣子思子的牌位。西边东向的是宗圣曾子和亚圣孟子的牌位(以上为四配)。下一排坐东面西的先贤牌位是闵子损、冉子雍、端木子赐、仲子由、卜子商、有子若,坐西面东的是冉子耕、宰子予、冉子求、言子偃、颛孙子师、朱子熹(以上为十二哲)。

图1-37·文庙·大成门

图1-40·文庙·石鼓

东庑房供有先贤公孙侨、林放、原宪、南宫适、商瞿、漆雕开、司马耕、梁鳣、冉儒、伯虔、冉季、漆雕徒父、漆雕哆、公西赤、任不齐、公良孺、公肩定、鄡单、罕父、黑荣旂、左人郢、郑国、原亢、廉洁、叔仲会、公西舆如、邦巽、陈亢、琴子张、步叔乘、秦非、颜哙、颜何、县亶、牧皮年、乐正克、万章、周敦颐、程颢、邵雍的牌位。祭祀的先儒有公羊高、伏胜、毛亨、孔安国、后苍、许慎、郑康成、范甯、陆贽、范仲淹、欧阳修、司马光、谢良佐、罗从彦、李纲、张栻、陆九渊、陈淳、真德秀、何基、文天祥、赵复、金履祥、陈澔、方孝孺、薛瑄、胡居仁、罗钦顺、吕枏、刘宗周、孙奇逢、张履祥、陆陇其、张伯行。

西庑房里供奉的先贤有蘧瑗、澹台灭明、宓不齐、公冶长、公皙哀、高柴、樊须、商泽、巫马施、颜辛、曹邮、公孙龙、秦商、颜高、壤驷赤、石作蜀、公夏首、后处、奚容蒧、颜祖、勾井疆、秦祖、县成、公祖勾兹、燕伋、乐欬、狄黑、孔忠、公西蒧、颜之仆、施之常、申枨、左丘明、秦冉、公明仪、公都子、公孙丑、张载、程颐。祭祀的先儒有谷梁赤、高堂生、董仲舒、刘德、毛苌、杜子春、诸葛亮、王通、韩愈、胡瑗、韩琦、杨时、尹焞、胡安国、李侗、吕祖谦、袁燮、黄干、辅广、蔡沈、魏了翁、王柏、陆秀夫、许衡、吴澄、许谦、曹端、陈献章、蔡清、王守仁、吕坤、黄道周、陆世仪、汤斌。（以上七十二贤及左丘明以下三十二人）

崇圣祠在大成殿后，原来叫作启圣祠，建于明嘉靖九年（1530）；清雍正元年（1723）加封五代先师并敕封王爵，敕封之名如下：

肇圣王木金父公　　裕圣王祈父公　　诒圣王防叔公
昌圣王伯夏公　　启圣王叔梁公

清乾隆三年（1738），殿顶换为琉璃瓦；乾隆三十二年（1767）重修。

土地祠在崇圣祠后，庙内松柏森森，风景绝佳。大成殿前的古柏为元代祭酒许衡手植，虽已有六百余年树龄，却仍然苍郁茂密，非常有名。

以上文字根据清光绪年间的《顺天府志》记载的资料写成。

大成门内安置的石鼓是国子监里最重要的文物，共有十面。表面刻有文字，元大德年间移到这里。据唐韩退之考证，这些石鼓是周宣王时代的遗物，为现存最古老的金石文字之一。文字共六百二十字，其中完全剥落的有三百六十字，字形模糊的有二十字，清晰可辨的有二百四十字。宋时存四百六十字，元时存三百八十六字，清乾隆年间据说仍有三百一十字完整。这些古石鼓已经在民国二十二年（1933）移至南京。现在的石鼓为清乾隆二十五年（1760）所刻。（图1-40）

此外，这里还保存有晋王羲之兰亭帖和乐毅论，元代题名碑三块，明代题名碑七十六块，清圣祖、世宗、高宗等御制碑数十块。（常盘大定 文）

图 1-38 · 文庙 · 大成殿

图1-39·文庙·牌楼

法源寺

法源寺即唐代的悯忠寺，为都城古刹，位于宣武门外西砖儿胡同。

唐悯忠寺是贞观十九年（645）唐太宗为征辽阵亡将士而建立的。其原址在唐幽州镇，城东南角，子城东门的东边，即现在外城的西边。以前宋钦宗北上时曾在此寺住过。原来东西有砖塔，高约十丈，为安禄山、史思明所建。另有高阁，李匡威建。唐有谚云：悯忠高阁，去天一握。而今高阁早已圮毁。

法源寺今存有藏经楼，其匾额为圣祖御笔。另有石坛，坛上植丁香，花事正旺。

法源寺明代被改称为崇福寺，明正统七年（1442）重修时改匾额，有翰林院待诏陈赟碑。万历三十五年（1607）再重修，有谕德公萧碑。

现在的匾额书法源寺，为清雍正十一年（1733）重修时的敕赐。

山门内建有大殿，后有戒坛，为清顺治年间敕建。坛后有无量殿，再后有藏经阁。殿前立有清雍正十二年（1734）世宗御笔之法源寺碑，还有高宗御笔的心经碑，乾隆四十三年（1778）重修。

戒台前有辽应历七年（957）的石幢一座，幢后有一石函，也是辽代遗物。石函四周刻有文字。僧廊壁上嵌有唐至德二年（757）张不矜撰、苏灵芝书的《宝塔颂》，及景福元年沙门尚叙、知常书的《重藏舍利记》。

另有辽大安十年（1094）观音地宫舍利函记碑一座，沙门善制，门人义中书。还有金大定年间礼部令史的题名碑，党怀英书。

以上文字根据清光绪年间的《顺天府志》记载的资料写成。（图1-41）（常盘大定 文）

图 1-41 · 法源寺

双塔寺

双塔寺原在西长安街的元代大庆寿寺遗址上，金章宗发轫，元代仍存。明正统年间由王振重修，改称大兴隆寺，又名慈恩寺。嘉靖年间荒废，被用作练习射箭和训练大象的地方。后重建双塔，遂称双塔寺。

一塔高九层，上有匾额，曰"光天普照佛日圆明海云佑圣国师之塔"。另一塔七层，上有书"佛日圆照禅师可庵之灵塔"的匾额。塔旁有井，是明末大学士范景文殉国之处。明少师姚广孝曾在此寺居住。

以上文字根据北平市政府秘书处编《旧都文物略》记载的资料写成。（图1-42）（常盘大定 文）

图 1-42 · 双塔寺 · 双塔部分

大钟寺

大钟寺旧名觉生寺，在西直门外。(图1-43)寺有大钟，明永乐初年（1403）铸造。直径一丈二尺，内外刻弥陀佛号、法华诸品和《楞严咒》。铜质精细，字体俊秀，相传为沈度所书，姚广孝监造，名"华严钟"。原存于万寿寺，清乾隆十六年（1751）移至觉生寺，当地人称之为大钟。(图1-44)（常盘大定 文）

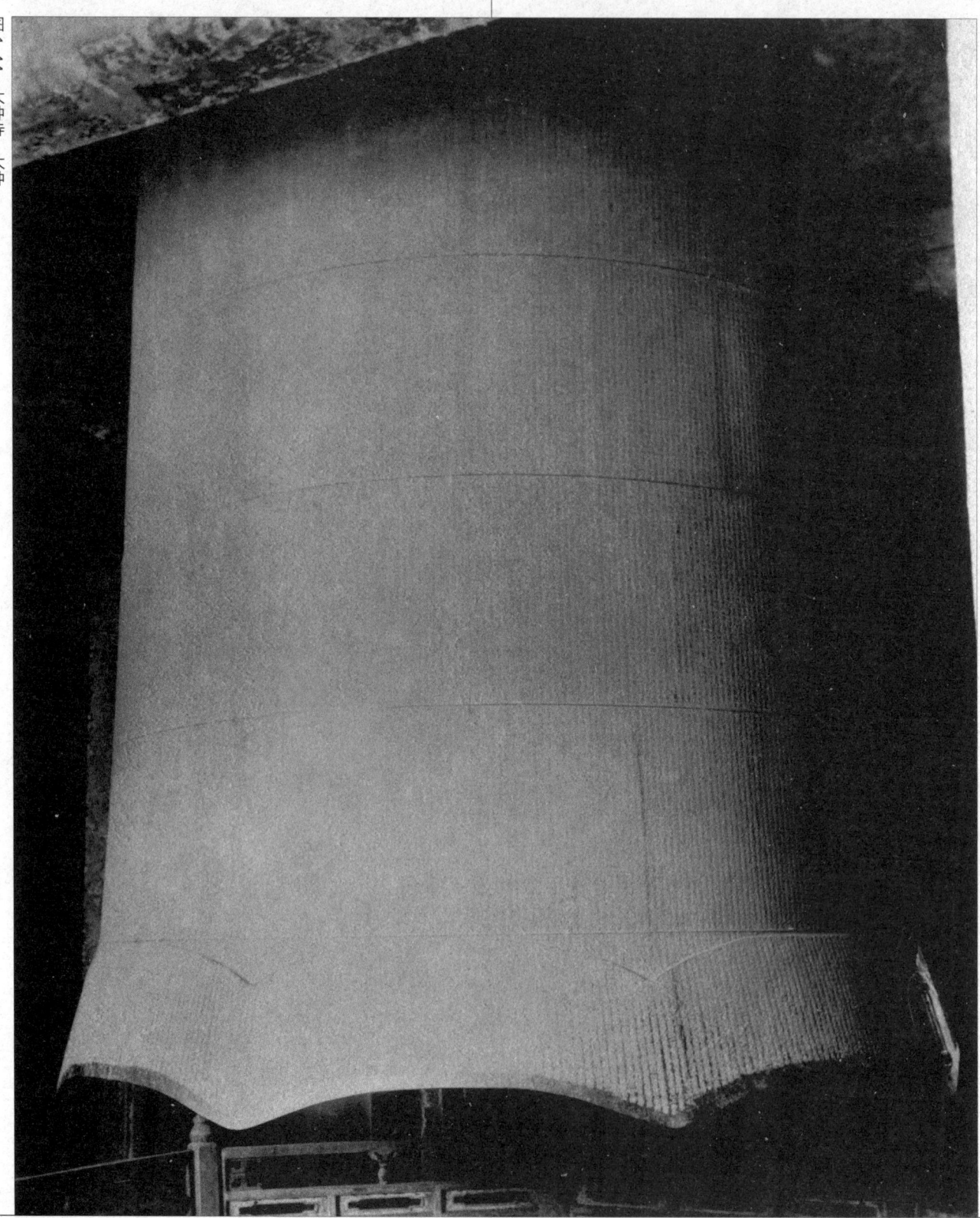

图1-44·大钟寺·大钟

图 1-43・大钟寺・大殿

天宁寺

天宁寺位于北京外城广安门外。乾隆御制的《重修天宁寺碑记》详细记载了其伽蓝的沿革，现摘要如下：

京师广宁门外有招提，曰"天宁"。寺中矗浮图，高十余丈。考图志，隋时建，寺曰"弘业"。有异僧藏舍利塔中。入唐改名"天王"。明成祖分藩，特扩崇构。宣德中改名"天宁"。正统乙丑，更名"广善戒坛"，设宗师十人。岁四月下旬，集缁流听度，谓之"圆戒"。嗣后乃复今名。一修于正德乙亥，再修于嘉靖甲申，皆内官监为之。越今又二百余年矣。坚者瑕，新者敝。弗治且圮，爰命增修之。凡门庑殿宇，斋堂丈室，规制一新……

大清乾隆二十一年岁次丙子春正月御制并书

《析津日记》里也有如下记载：

寺在元魏为光林，在隋为宏业，在唐为天王，在金为大万安，宣德中修之曰天宁，正统中修之曰万寿戒坛。名凡数易。

大致和碑文所写的相同，《广弘明集》第十七篇中有隋仁寿二年（602）三月二十六日在幽州弘业寺里安置舍利的记载。寺草创于北魏孝文帝时期，塔建造于隋仁寿年间。《帝京景物略》《冷然志》和开皇年间成书的《宸垣识略》及寺内所竖清康熙十一年（1672）天宁寺礼塔碑的碑文中都说塔为隋文帝所建。但是从塔的形制来看，不是隋代遗物，应该是属于辽代的。根据《冷然志》记载，塔前有一石幢，上面刻有尊圣陀罗尼咒，为辽重熙十七年（1048）所建。现今虽然此石幢已不知去向，但塔的再建应该就在这一时期。如碑所记，塔在明清时期屡加修补。看现存塔的建制手法，基座是乾隆年间补修的。底层以上有宋元遗风，应该是辽代遗物，且经过一些后世修葺。

天宁寺早年为一大伽蓝，现在却相当荒凉。南面有正门，门楼大半毁塌。进门左右立有幢杆的支柱。往里，东西有钟鼓楼的遗址，东边遗有明嘉靖的铜钟。再往里，东西并立着清乾隆二十一年（1756）和乾隆四十七年（1782）御制刻有"重修天宁寺碑记"碑文的石碑。往北有砖砌小门。门内有阿弥陀堂，堂阔三间，重层，内供高二十六尺的铜佛。阿弥陀堂往北正面是释迦堂，堂前左右各一堂宇相对而立，应为僧房。

释迦堂后有一座八角十三层砖塔，塔巍然耸立，为伽蓝中枢。其后有座面阔三间的屋宇，屋顶半颓，甚荒凉。（关野贞 文）

八角十三层砖塔

矗立在两层基座上的八角十三层塔是用砖建造的。基坛上每个角上都刻有力士像。各面用莲花纹浮雕的短柱分为六间，各间作三叶龛，龛内刻瓦狮。上层坛稍窄，各面用刻有力士浮雕的短柱将其分为五间，只在角上用五金刚杵代替力士。各间三叶龛内可见罗汉像，用一斗三升斗拱支撑上面的高栏。斗拱之间刻有牡丹和蔓藤花纹，高栏上也刻着精美雕饰。基坛的创作手法丰美而建筑技巧不精，为清乾隆年间再建建筑。

初层塔身也是平面八角形，立在三重瓣的莲座上，四面有半圆拱的入口，拱顶尖锐，成莲花拱。拱壁有二龙戏珠的阳刻，入口有花狭间格子门。门顶有三尊佛像，但没有可进入塔内的通路。入口两侧刻有金刚力士，上面可见宝盖和两个飞天。另外，塔身的侧面棂窗，窗左右刻菩萨立像，窗上部有骑狮文殊菩萨的浮雕，角柱上还刻有蟠龙。所有这些雕刻都是塑像，由壁面搭出支杆，无骨，损毁严重。从其样式手法来看很有宋元特点，应为辽代开始建造，后世屡加修补而成。

第二层以上的塔身骤然变得低矮，向上各层递次缩小以保持稳定，用一斗二升斗拱，重檐，木制垂木，顶葺碧瓦。

塔顶置莲花座承宝珠以代替相轮。（图1-45、图1-46、图1-47）（关野贞 文）

图 1-45·天宁寺·八角十三层砖塔

图1-46・天宁寺・八角十三层砖塔细节

图1-47·天宁寺·八角十三层砖塔细节

梵钟

此地本有钟楼，后毁塌，钟坠地上。（图1-48）钟铜制，钟头有两龙首相背为钟钮，风格雄豪。钟头浑圆，钟肩刻有莲花，钟身周围纵横以袈裟襟纹作缚状，四面可见位牌额，里面刻有：

皇帝万岁万万岁

敕赐天宁寺常住永远悬扣（在其左右有主持及募缘比丘名）

大明嘉靖乙酉年吉日造

大功德主内官监太监陈林（下面还有其他五人名字）

另外在袈裟襟纹隔出的上下框内还刻有募缘人的阳文姓名。

钟口没入地中，状况不明。以其他钟款推测，此钟口为波形，口缘周围有龙的浮雕。

此钟形状完美，雕饰雄丽，为明代精品。以前中国古铜钟绝大多数都已回炉熔毁，遗存下来的多为铁钟。这口钟为铜制且制作手法秀丽，是明钟的代表作，因此值得重视。（关野贞 文）

《光绪顺天府志》卷十七收录的资料都很详细，虽然前后有出入，但有启发之处，可作为参考。

天宁寺是座古刹，坐落在广宁门外。寺原为魏时所建，号光林（释道宣的《续高僧传》）。隋称宏业。唐改称天王。《寺院册·长安客话》中记载，唐开元中改为天王。金时称大万安。据《寺院册》元耶律楚材《湛然居士集》里记载，金大定二十一年（1181）改宏业寺为大万安禅寺，寺毁于元末兵火。明初文皇有潜邸在此，命令执寺务僧重建寺院。《长安客话》记明宣德中称为元宁，正统乙丑更名广善戒坛。《寺院册》根据《析津日记》记载作万寿戒坛（现以御碑为准），后恢复今名。清乾隆二十一年（1756）重修，有御笔，刻在石碑上立于殿前。其内是接引佛殿，屏后挂有画着华严经塔的宝塔图。图高一丈五尺五寸，上书六十万零四十三字。为康熙辛未（1691）虞山许惹及夫人刘氏所施。（《旧闻考》九十一）

寺内隋塔高二十七丈五尺五寸。（《艮斋笔记》释道宣的神州塔传称隋仁寿年间在幽州宏业寺建塔以藏舍利。《广宏明集》记载仁寿二年五月，舍利分散在五十一州，在幽州建立灵塔，三月二十六日在宏业寺安置舍利。）塔不可攀爬游玩，因其内部专为安置舍利之用。基座方台，纵横各十二丈，高约六尺，有墙围绕。南北开门。台上建八角坛，高约四尺，如黄琮，塔建其上。觚如坛数，基座略如佛座。有锦文、华葩和鬼怪的雕像。上面有扶栏，四周架以三层铁镫，共三百六十盏，每月八日注油点燃。栏内八柱，蛟龙盘绕，墙与柱连，四面琢门，间以天王立像。四角琢窗，间以菩萨立像。尽用陶甓，仰视，疑为盗燕山玉石而为之。从塔基到柱楣为第一层，高度占全塔的三分之一。一层以上飞檐叠栱，十二层的椽首都缀一小铃，八觚交角处又缀一大铃。大、小铃共三千四百只。奇风来时，铃声齐响，如编钟编磬相和。最上层南边有碑，不知何年所立。再上还有镏金露盘相轮镇顶塔。

下塔八方各置一铁鼎，高丈余。鼎腹八方画八卦，为明万历年间铸造。

塔前有一石幢，上刻尊圣陀罗尼咒，辽重熙十七年（1048）立，今不存。

塔后第二大殿叫大觉殿，再往后是广善戒坛。正午的阳光照入右扉，落在倒影石上，呈双橡烛影，这是因为门扉下有双隙，阳光入隙即被破开的缘故。（徐善《冷然志》）

塔墙东南有一碑，清康熙十一年（1672）尚书龚鼎孳为收集明董其昌之书所撰。以前塔下有明宣德十年（1435）更寺名碑。据传碑阴有明正统十年（1445）刊行《藏经敕》，今不存。（《旧闻考》九十一）

寺西北有分寺，匾额书"宗师府"，据寺僧说为姚广孝所居。（《寺院册》中的《长安客话》记载，姚广孝庆寿引退之后曾在此居住。）清初名士王世祯、朱彝尊也曾在寺中居住过。（《寺院册》）

对照前述的实地记事，发现光绪年间发生的变故颇大。（一）曾挂有华严经塔图的接引佛殿现已无存。（二）塔周扶栏上曾有的三层共三百六十盏铁镫现荡然无存。（三）十二层每椽首所缀小铃及八觚交角处所缀大铃共计三千四百只亦失。（四）塔八面放置的铁鼎无存。（五）广善戒坛现无。（六）康熙十一年碑不存。（七）分寺的宗师府不存。现在如此荒废，辽、金、元、明时的雄伟壮观只能想象了。

图1-48・天宁寺・梵钟

妙应寺

妙应寺位于北京城西门即阜成门内一里处。伽蓝前面有三座门,进门是天王殿,殿前有钟鼓楼左右对峙。天王殿内有两座面阔五间的佛殿,其前左右有清康熙二十七年(1688)立的两块御笔碑。殿前东西各有三间堂。殿后有歇山顶面阔五间的佛殿。殿前左右也有两块乾隆御笔碑。此殿后边有用砖墙围出的一片空间,正面有门,内有佛殿,卒塔婆次第排列。(图1-49)殿为三间歇山顶建筑。塔为喇嘛塔形制,称白塔。(图1-50)在天王殿的东西两边都有庑廊及砖墙,由佛殿左右向北逶迤直道卒塔婆下。

《春明梦余录》及《长安客话》都持白塔建于辽寿隆二年(1096)之说。《长安客话》甚至说塔内还藏有舍利戒珠二十颗,香泥小塔两千,无垢净光陀罗尼五部。元至元八年(1271),世祖打开石函,看到里边的铜瓶舍利,越发崇敬,对塔大加崇饰。其制作之巧,可谓古今罕见。清康熙二十七年(1688)十一月二十号所立的妙应寺碑文(天王殿前东边的碑上)也刻记着这样的内容。

西边石碑的妙应寺碑文是用满汉两种文字刻的,其中有这样一段:

……兹塔也屹金方之名区,俨先代之旧观。葺而新之,盖风人勿剪之义也。

另《燕都游览志》记述称:

元并有五色塔,而今仅有黑塔,其后余湮没莫考。按黑塔寺在南小街冰窖胡同,青塔寺在阜成门内四条胡同,相距里许,皆无塔,亦无寺额,独各有塔可考耳。

据此,元时东西南北中各方位有五色塔互为呼应,但其他塔尽毁,仅剩白塔独存。白为西,属金,所以康熙碑将此白塔称为金方的名区。所有的文献中都称塔为辽时初建,元至元八年(1271)重修,只有《燕都游览志》记为元始建。根据塔的形制考查,明显是受西藏影响的喇嘛式塔。喇嘛教从元开始由西藏传入,辽时就有这种风格的塔令人生疑,恐怕是建于辽而改建于元吧。《燕楚游骖录》引用了《元史·世祖纪》:

至元十六年,建圣寿万安寺于京城。二十六年,置栴檀佛像。

另《宸垣识略》称塔为辽寿隆年间建,元至元八年(1271)重修,名大圣寿万安寺。因此可说,寺初创于辽。至元十六年(1279)建圣寿万安寺,塔也建于此时,塔的建制最符合这一时期的风格。世祖至元八年发现的舍利,更说明塔是依照喇嘛教的形式再建的。

塔基为三层,中层和上层上下有孔,其平面方形,各面有斗出两个。上边造莲花座以承受平面圆形的塔身。下层坛上的中层基边大小直径为八十九尺五寸五分,卒塔婆的全高达一百六十尺。塔身下大,向上稍稍减小,塔肩张大,往上再小,上边各面又有斗出方形露盘。露盘之上作层轮形状,层层向上缩小。最上边是大宝盖,围以透雕的铜垂帐,下缀众多风铃。宝盖上还有一座小铜塔。

塔为砖筑,表面涂白垩,故称白塔,现大半剥落,仅部分尚存。(关野贞 文)

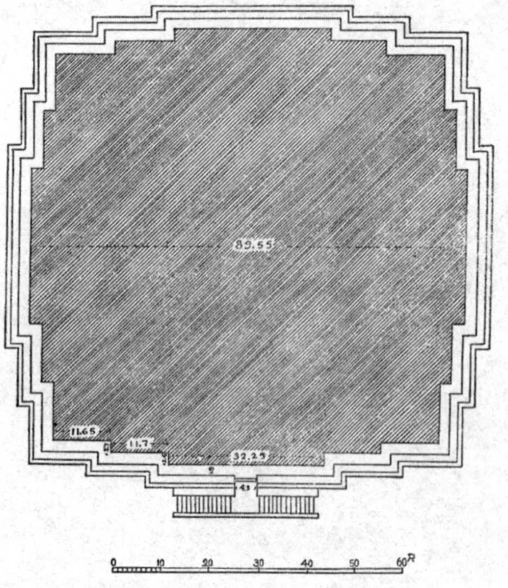

图1-49·妙应寺白塔平面图

图 1-50 · 妙应寺 · 白塔

大正觉寺

大正觉寺，又名真觉寺，位于北京西城外，元时草创。内有大正觉塔，又称金刚宝塔。基座上矗立着大小五座宝塔，俗称五塔寺。明成祖时，西番班迪达贡献金刚宝座样式金佛五尊，明成祖因此封他为大国师，赐金印命居该寺。成化九年（1473），诏书寺院，命照班迪达贡上的中印度金刚宝座样式建立宝塔，这就是大正觉塔。（图1-51）

高大的方台之上，五座宝塔挺立，为白大理石筑。方台五层，上有扶栏环绕，下筑基坛。（图1-52）基坛方五十尺六寸。方台高地上约四十尺，正面设入口。入口上方为半圆拱形。拱面中央刻有迦楼罗捉两龙女的图案。左右有鳄鱼、羊、狮子、象等浮雕。图案很有喇嘛式中印度遗风。拱门有匾额，上横书：敕建金刚宝座，大明成化九年十一月初九日造。由此可知建塔的确切年代。（图1-53）基坛上下刻莲花。腰部是高肉雕喇嘛风格的宝瓶、金刚杵、轮宝、狮子等。葛石和地覆石上也刻着精细的草花纹。方台上各层列有华拱龛，以三斗柱隔开，其上作盖状。龛内容坐佛一尊，各层作两层垂木檐，檐顶葺瓦。

进入方台南边的入口，左右有侧室，后边中央有一个东西长二十六尺，南北长二十六尺一寸的墙体。其四面各开一佛龛，墙体周围辟有六尺一寸宽的环绕通路。

左右侧室内，墙体中设有小台阶，曲折而上到达中央前方的阶梯处，由此出来可到台上。台中央有座十三层方塔，四角各立一座十一层稍小的方塔。这些方塔的基坛周围都阳刻着佛足迹、八宝、双马、狮子、孔雀等。初层塔身的四面也各设有佛龛，左右雕刻着两侍从、宝树等。佛龛的拱轮内还雕刻有迦楼罗、龙女、羊、狮子、象等，技巧颇精美。（图1-54）

第二层以上的墙面上并排刻着很多佛像。像与像间以柱形相隔。中央的塔方十三尺九寸八分，高约四十五尺。四角各塔方十一尺五寸多，高约四十尺。

阶梯在台上前方，重层。其平面一层为方形，二层为圆形，实为罕见。其斗拱、檐围，头贯以上，初层用黄绿釉，上层用绿釉砖构成。檐顶葺黄瓦，上置宝顶。（图1-55）

中印度佛陀伽耶的大塔作为纪念释尊成道的灵迹，建立甚早，现存的大塔大概是五世纪前后再兴建的；十四世纪初，经缅甸佛教徒修补，近世更是大加修饰，完全修复，外形一如新造。但大体形态和当初没有太大改变。

明成祖时（十五世纪初），由西番班迪达传来的金刚宝座样式，经缅甸教徒的再兴后与大塔的样式无二。列拱装饰的层台上建立大小五座宝塔，彼此保持一致。另外基坛的面积也不分伯仲。所以说大正觉寺塔是根据佛陀伽耶塔的样式而建的说法应该没错。只是中塔明显大于四角上的塔，而四角之塔颇小。其他地方没有显著差别的原因是，由西番传来的规式只显示大概，尺寸不同，没有正确范本。总之，在十五世纪前后，佛陀伽耶大塔的样式由西藏传入，大正觉寺的金刚塔则是根据这种样式营造的，这实在是非常耐人寻味之事。（关野贞 文）

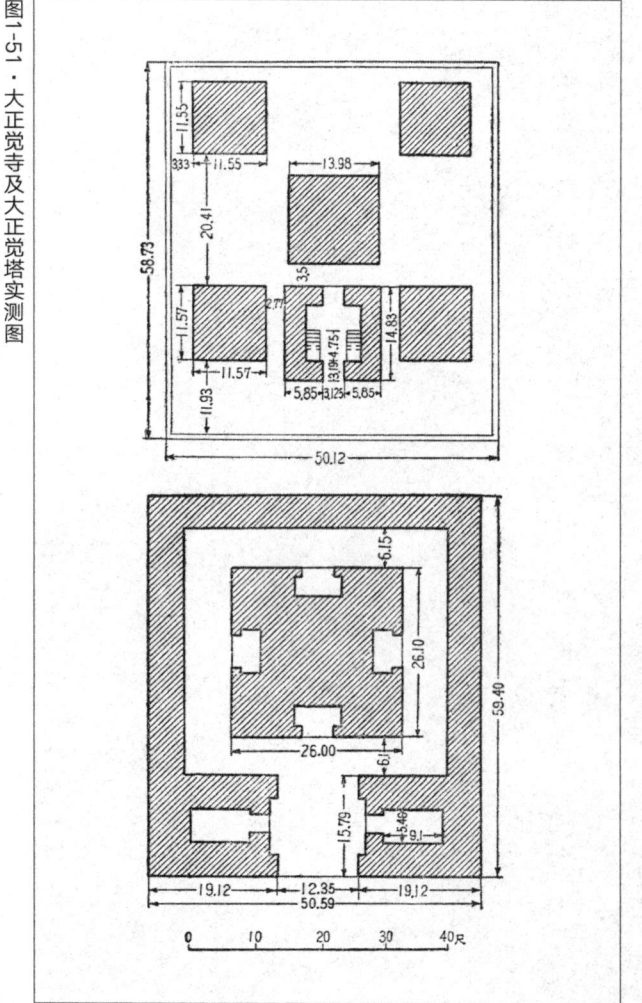

图1-51·大正觉寺及大正觉塔实测图

图 1-52 · 大正觉寺 · 大正觉塔

图1-53·大正觉寺·入口局部

图 1-54 · 大正觉寺 · 大正觉塔 · 坛上中塔局部

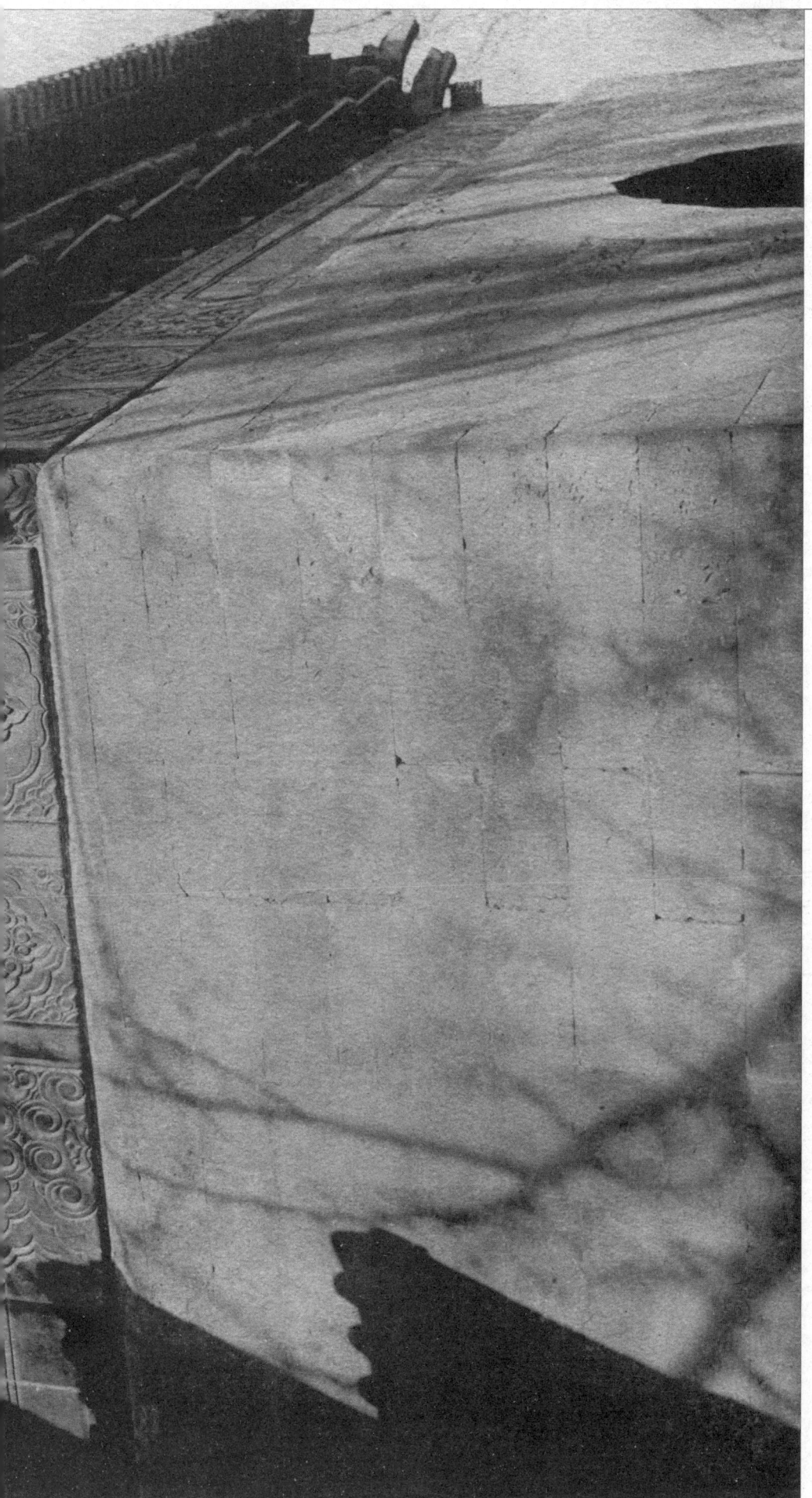

图1-55 · 大正觉寺 · 坛上中塔前室局部

东黄寺

东黄寺位于北京城北，是为清顺治八年（1651）继普净禅寺之后兴建的喇嘛寺。(图1-56) 伽蓝前面首先有外门，进门后有幢杆立左右。往里，东西有钟楼鼓楼相峙。后面有天王殿，殿前左右又有幢杆相立，天王殿内有大殿(图1-57)，称三大师殿。根据河口慧海的记述，三大师就是三世佛，即过去燃灯佛、现在释迦牟尼佛、未来弥勒佛。殿为重层四柱七间佛殿，规模颇宏伟。殿内方坛上安置着本尊释迦牟尼的坐像，其背光的雕饰很有喇嘛教风格。坐像前边摆放着喇嘛教的八宝，即吉祥八征。八宝为玉宝、黄金鱼、大理藏瓶、莲花、右旋白螺贝、吉祥结、胜利幢、金法轮。(图1-58、图1-59、图1-60)

殿前有月台，设三道白大理石台阶。中间台阶的中央有阳刻云龙纹的斜面石，还有精美的石栏环绕殿基、月台和台阶。

殿前左右各有五间东西配房相对。天王殿内东西有碑阁。东边立的是清顺治八年（1651）的御笔碑，西边立的是康熙三十三年（1694）的御笔碑。大殿前庭多植古柏。另有幢杆，前四后二。（关野贞 文）

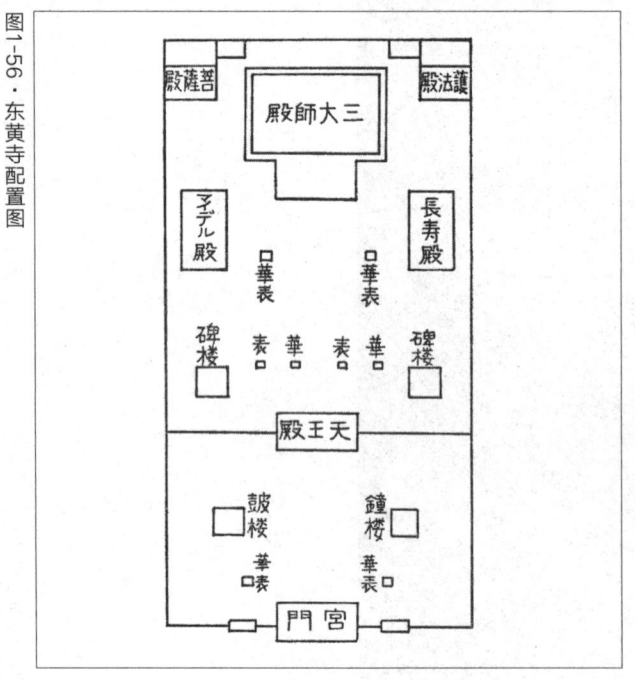

图1-56・东黄寺配置图

图 1-57 · 东黄寺 · 大殿

图 1-58 · 东黄寺 · 大殿内部

图1-59 东黄寺·大殿内部

图1-60·东黄寺·大殿本尊

西黄寺

西黄寺在东黄寺的西边，清雍正元年（1723）创立，现在颇荒废。内有班禅喇嘛塔，非常有名。(图1-61)

寺前门的东西有钟楼、鼓楼。进第二道小门后，正面是大殿，现已毁塌；殿前左右有东西配房；殿后是班禅喇嘛塔。塔前东西有碑阁。东边是清乾隆四十七年（1782）御笔的清静化城塔记碑。西边是乾隆庚子年（1780）御笔山茶花画及称赞班禅圣僧碑。(图1-62)塔的东西配房都已颓毁，房顶塌尽，仅见梁柱。后边有座大阁楼，已破败，其状凄惨。图1-63为日本明治三十五年（1902）5月，伊东忠太博士所摄阁楼的局部，可见当年规模之恢宏。（关野贞 文）

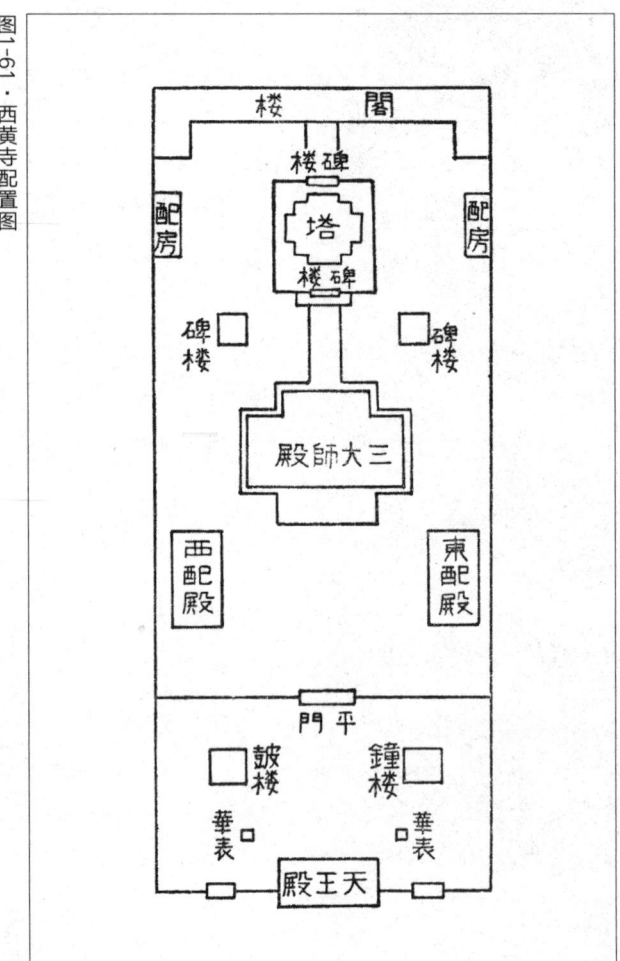

图1-61·西黄寺配置图

图1-63 · 西黄寺 · 阁楼局部

图 1-62 · 西黄寺 · 牌楼

班禅喇嘛塔

此塔的样式很特殊，未见有类似者。这是当时的建筑者一面参考西藏样式，一面加进了自己独特创意的产物。先在方形坛上用前后长方形斗拱加筑一个四面高高的挑出长方形斗拱的方坛，再于坛中央立一座高大的喇嘛式塔。其四角再配四座细高的八角五层塔。下坛周围环以釉砖扶栏，上坛为白大理石扶栏，正面是石陛。(图1-64)

中央塔是立在两层基坛之上的喇嘛式宝塔，下层较低，高约一尺七八寸，侧面有阳刻的凤凰宝相花纹。上层高约十尺，上下作弧形，弧面上有宝相花、凤凰、草花纹、云纹等浮雕。坛腰每角都有力士像，各面还刻有关于释迦八相的图案。

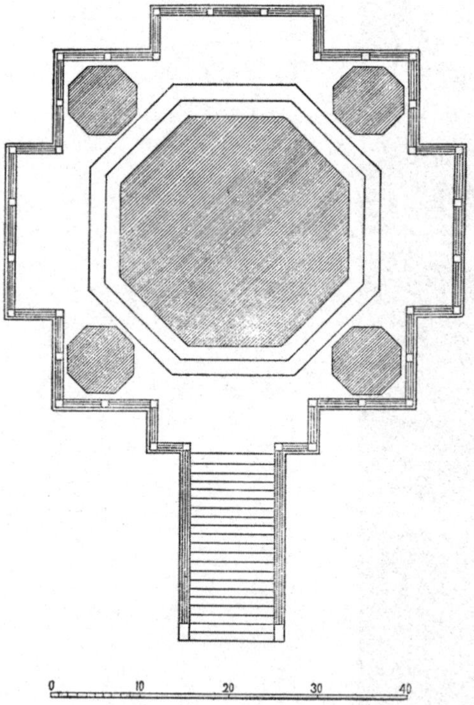

从图看出是四门出游的故事。匠意十足，手法亦精妙，其构思好像来自南京栖霞寺的舍利塔。

上层坛上再筑四面挑斗的方坛以承宝塔。坛之地覆石上以四层石料层叠而成，上窄下渐宽。各层有阳刻云纹，四面特别是圈内可见坐佛两处。

宝塔下刻莲花座，塔身肩广而下窄，正面刻三尊佛龛，侧面有菩萨像，塔身顶上有奇特的相轮。层轮状塔颈上边有宝盖。宝盖之上有双重未敷莲华式宝珠。宝盖两边沿层轮状塔颈作垂云饰，宝盖和宝珠还特别鎏金。这座宝塔的形状极像五台山镇海寺的章嘉塔。

四角上的塔均细身。在高高的八角基坛上建八角异形五层塔，顶冠宝珠。基坛周围刻有经文。其上塔身三层各面可见佛龛一个。四五两层塔身极低，没有雕刻。四角塔基坛所刻经文如下：

东南塔　佛顶首楞严大(哈达)喇尼咒

西南塔　千手千眼无碍大悲心大(哈达)喇尼神妙章句

东北塔　金刚般若波罗蜜经

西北塔　佛说药师如来本愿经

各角塔刻有"乾隆四十九年岁次甲辰十二月吉日"题款及各书写者姓名，四塔书者各不同。

此塔是为在清乾隆四十四年（1779）入寂的第三代班禅喇嘛具德智而建。建材均为大理石，样式特异。雕饰富丽之极，实为清代此类建筑的代表作，只可惜技工纤巧且有些流于卑俗。(图1-65、图1-66)

塔前石陛左右有石狮，张嘴吐舌，估计是模仿南京梁墓石狮而造。另外，石陛前和塔后边各立有一座石坊。(关野贞 文)

图1-64·西黄寺班禅喇嘛塔略平面图

图 1-65 · 西黄寺 · 班禅喇嘛塔

图1-66·西黄寺·班禅喇嘛塔局部

白云观

西便门外一里许有白云观，最早为唐代天长观。金明昌三年（1192）重建；泰和三年（1203）改称太极宫；元太祖丁亥（1227）改为长春宫，为元长春真人丘处机遗蜕之处。其弟子尹志平在宫东侧建观，称白云。

明洪武二十七年（1394）太宗在潜邸时重修；清乾隆二十一年（1756）又重修。

道观规模宏大，先看建筑配置，建筑本身并无大看头，但作为道观里整备最完整的应该引起注意。其建筑配置保持极端均整，重要建筑物排列在中心南北轴上，大体和日本禅宗七堂伽蓝的配置相似。（图1-67）

进入牌楼是大门，进门过水池，池后配置着灵官殿、玉皇殿、老律堂、丘祖殿、四御殿（三清阁）等诸建筑。丘祖殿左右有回廊，蜿蜒曲折至四御殿左右为止。此为全配置的内廊。四御殿左右与两层的朝天楼和藏经阁相连，回廊内有客堂、书记房、经房、仓房、买办房、茶房等。丘祖殿的前方到灵官殿之间左右也有回廊，南段到钟楼、鼓楼为止。钟楼右边至鼓楼左边这段回廊内有执事房、圆堂、土府宫、功德祠等。灵官殿东西有墙，开东西两门。大门前有石狮一对，门内左右立有旗杆。大门及牌楼左右也有围墙，开一小门。

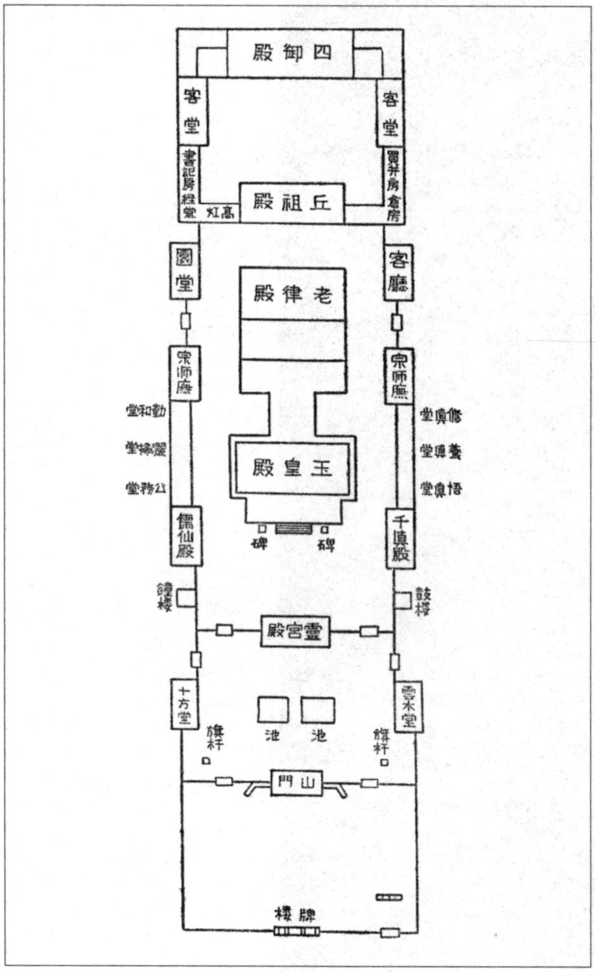

以内廊为中心，建在东、西、北三面宽敞的外廊上建筑错综复杂。南边中央是老律堂。看起来这些像是不规则、不间断地慢慢扩建而成的。四御殿背后连接着戒台，隔着院子北边是云集山房，西有后土殿、五祖殿、子孙堂、吕祖殿、八仙殿、祠堂。东有云华仙馆、南极殿、真武殿、火祖殿、华祖殿、司香、厨房、斋堂、关帝殿、恬澹守一真人罗公塔。玉皇殿有玉皇大帝像（图1-68、图1-69），老律堂有七真人像，真武殿有汉祖天师正乙和文昌帝君像。（图1-70、图1-71）

以上是主要建筑物，除此以外还有些小型附属建筑，由此可知白云观规模之大。

据说牌楼是第二十代方丈高云溪师所建，因他颇受西太后崇敬，所以当时的京官都纷纷解囊相助。（图1-72）

泮桥在牌楼里面大门之内。灵官殿前有石砌水池，池上架石桥，称泮桥。桥下挂一金钱，系上铃铛。游人站在桥上用铜圆投击金钱，名打金钱眼。人们相信如有投中铃响者，一年中必定走运。

灵官殿内奉祀着王灵官。王灵官如同伽蓝中的镇山门，道观中多塑有王灵官像。

儒仙殿在东侧，与丰真殿相对。据说殿内塑像为张本。张本小时候与李真常同学，金贞祐二年（1214）以辞赋高第。哀宗正大九年（1232）作为翰林学士随曹王使北，滞北。于是暗中戴黄冠在长春宫中住了十年左右。那时真常掌教，和以前一样相处如兄弟，后游济南时倏然羽化。

丰真殿与儒仙殿相对，斋祀张三丰。张三丰为明初著名的道教家，他的事迹在《明史·方技传》里有详细记载，有遗稿《张三丰全集》。

七真殿的老律堂在灵官殿、玉皇殿的后面，殿内中央有丘真人塑像，左右各置三真人塑像。右边是马珏、谭处端、刘处玄，左边是郝大通、王处一、孙不二，合称七真人。殿额老律堂意义不明，不知是否取

图1-67·白云观配置略图

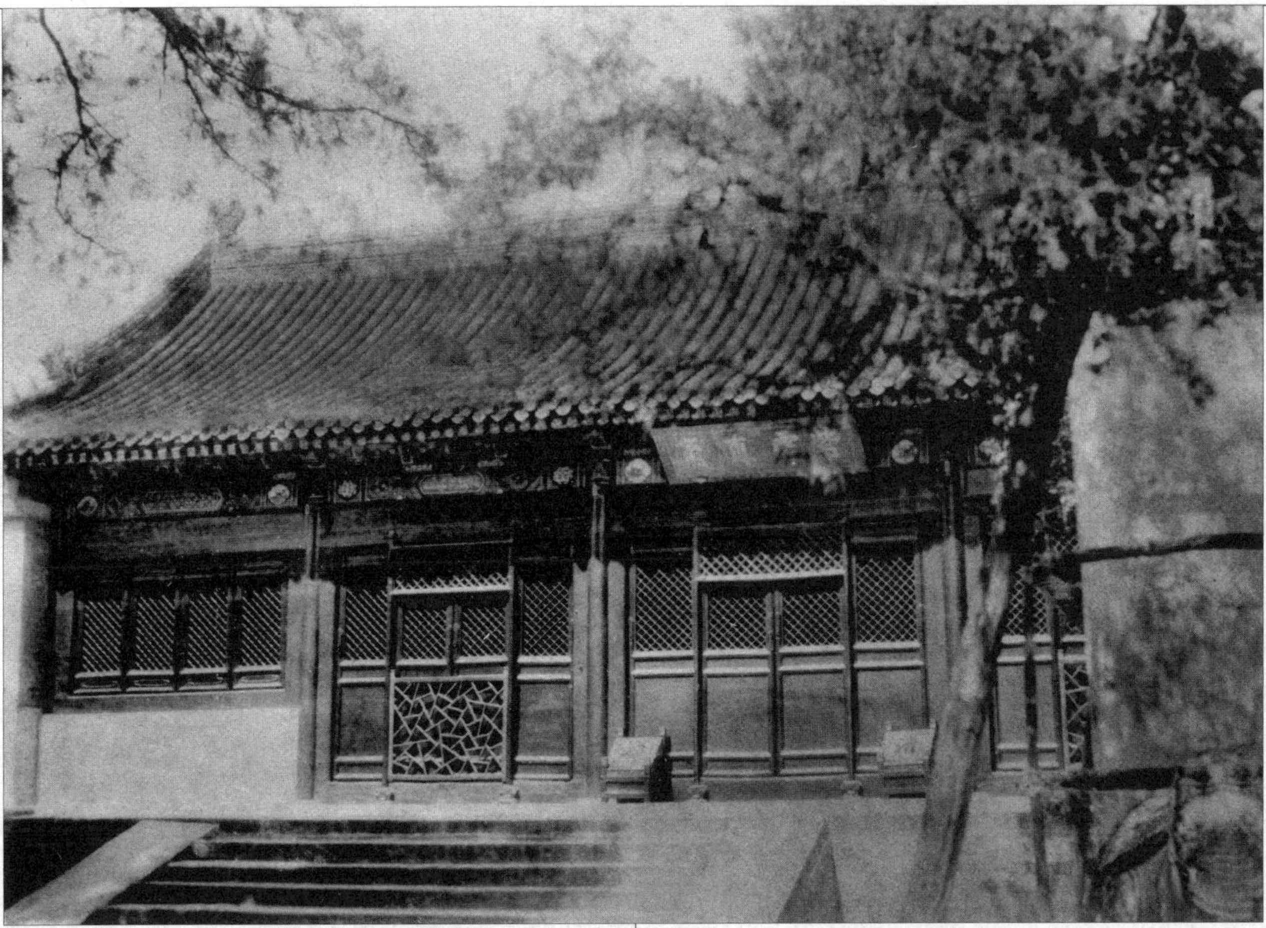

图 1-68 · 白云观 · 玉皇殿

老律师意。清慎行的《人海记》中称七真人的旁边还绘有十八弟子图，拂去尘土，隐约可辨。北壁上有赵道坚、宋道安、尹志平、孙志坚、夏志诚、何志清。东壁上有张志素、李志常、綦志清、潘得冲。西壁上有孟志稳、郑志修、鞠志图、于志可、王志明。此外还应该有宋得方、张志远、杨志静三人，但已漫漶不可辨。(图 1-73、图 1-74、图 1-75、图 1-76、图 1-77)

丘祖殿位于七真殿背后，奉祀丘长春真人塑像，塑像白皙柔和，几近女人，所以有真人自宫说。丘真人像前置一钵，容量五斗许，用木瘿旋成，据传为雍正所赐，如果庙中有一天断了粮，道士可捧此钵由正阳门进皇宫，宫中必有赐给。另有说此钵为宋代古物，非雍正年间所造。(图 1-78)

三清阁在四御殿之上。内有六个书柜，存正统道藏。敕封之物，除每年阴历六月一号至七号晒书日以外不得打开。(图 1-79)

戒台为授戒场所，在四御殿和云集山房之间。凡授戒者，要根据十方丛林的规定，须经毕业授戒后才可称为道士。本观授戒，清初名额为二千人，其间一百天。嘉庆以后逐年削减，现在每年五百人，为期五十三天，而且并非每年举行。因为授戒消耗巨资，近来物力匮乏，故不似旧时繁盛。

概括地说，唐玄宗开元年间在此地建天长观，金代改天长观为太极宫，至元代丘处机时赐名长春宫。处机死后，其弟子尹志平在宫东侧修建一观，为白云观。观中特设处顺堂，奉安先师的遗蜕。物转星移，长春宫荒废。此观现在的建筑都是乾隆时期建造的，光绪时大加修缮粉饰，以至今天。及至民国，这里已经受不到保护，民心向教的日益减少，募缘也不如意，而且殿宇常常被军队用来屯兵，践踏狼藉，令人颇感荒凉。虽然过去的气势仍在，但保护之计渐渐流于空头议论。(常盘大定 文)

图 1-78 · 白云观 · 丘祖殿

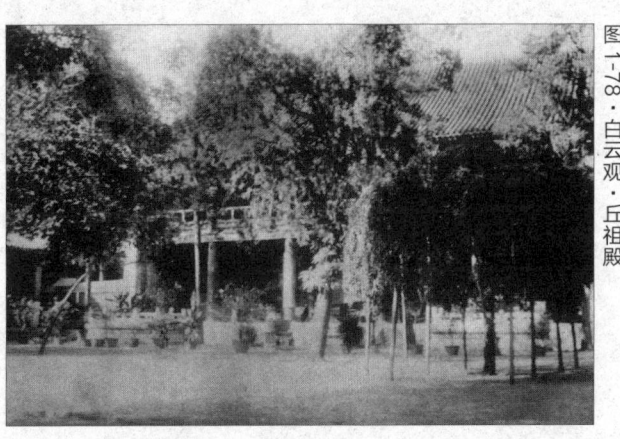

图 1-72 · 白云观 · 牌楼

图1-69·白云观·玉皇殿·玉皇大帝

图1-71·白云观·真武殿·文昌帝君

图1-70·白云观·真武殿·汉祖天师

图1-74·白云观·八大弟子像

图1-75·白云观·八大弟子像

图 1-73 · 白云观 · 老律殿 · 丘真人像

图 1-79 · 白云观 · 四御殿 · 三清阁

图1-76·白云观·老律殿·七真人像

图1-77 · 白云观 · 老律殿 · 七真人像

东岳庙

东岳庙位于朝阳门门外三里处，朝南。内外有围墙两重。庙门阔三间、牌坊门三间、瞻岱门五间、正殿七间、两庑各三间、连檐通脊回廊各三十六间。前有甬道，左右各有一座御碑亭，燎炉两个。左右各有一墙门。后殿五间、左右有庑房各三间、回廊各七间、三面环楼三十三间。庙门内有钟鼓楼各一。庙门外有三条石梁，左右有铁狮各一。前边琉璃坊，左右各建一牌坊。所有殿宇、门、庑、坊都用绿琉璃。边门门楹朱红，栋梁五彩缤纷。（图1-80、图1-81、图1-82、图1-83）

御碑亭葺黄琉璃瓦，钟鼓楼葺绿琉璃瓦。元延祐年间，张留孙创始。元至治壬戌（1322）、泰定乙丑（1325）继续修建，至天历元年（1328）始落成。明洪武三年（1370）诏定岳镇的神号，称东岳泰山之神。明正统十二年（1447）八月，京师重建东岳庙。清康熙三十九年（1700）受灾，接受赐帑重建，有圣祖御制碑文；乾隆二十六年（1761）重修，有高宗御制的碑文。（图1-84）

以上根据清光绪年间的《顺天府志》编写。

东岳庙为元初所建，规制宏丽。进门有虞集、赵孟頫撰写的碑文，非常宝贵。庙前有绿琉璃牌坊一座，庙内的神像据传为元代雕塑名手刘元所塑。明正统年间面积越拓越宽，两庑中设地狱七十二司，各种鬼的塑像须眉活现。清乾隆时，正殿被焚毁。重修时建得更加壮丽，到现在神像庄严，和新的一样。殿前的廊中，右边悬挂着一口大钟，名景阳钟。钟上镌刻着精细的花纹，据说本是清朝大内之物，后来移至此地。每年阴历三月二十号为东岳帝的生日。市民击鼓奏乐，搭彩棚，引导东岳帝出游。

以上根据北平市政府秘书处编《旧都文物略》编写。

康熙《几辅通志》第九卷中：

元延祐年间建。祀东岳天齐仁圣帝。

帝像巍巍，有帝王风度。其侍从者似有深远忧思，相传出自元昭文馆学士艺元之手。艺元，宝坻人，初为黄冠，以青州把道录为师，得其塑土范金搏换像之法。搏换是在泥胎之上覆以麻帛涂漆，漆干后取出泥胎而麻帛成像。最初艺元在做侍从像时久久未曾着手，常常翻阅秘书图画。见唐魏征像，豁然得灵感，认为若非如此，难成相臣。于是跑进庙中开始塑像，即日完成。现在礼拜此像的人，在瞻仰观视时都会发一声赞叹。元仁宗曾敕令，除非有旨，否则不许再为人造其他神像。（图1-85）（常盘大定 文）

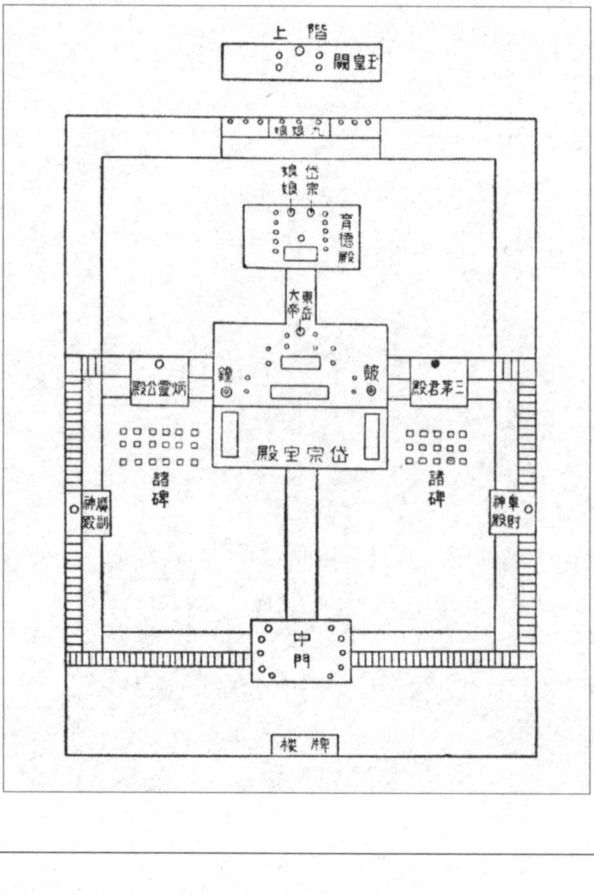

图1-80·东岳庙配置略图

图1-81·东岳庙·牌楼

图 1-82 · 东岳庙 · 岱宗宝殿

图 1-83 · 东岳庙 · 中门

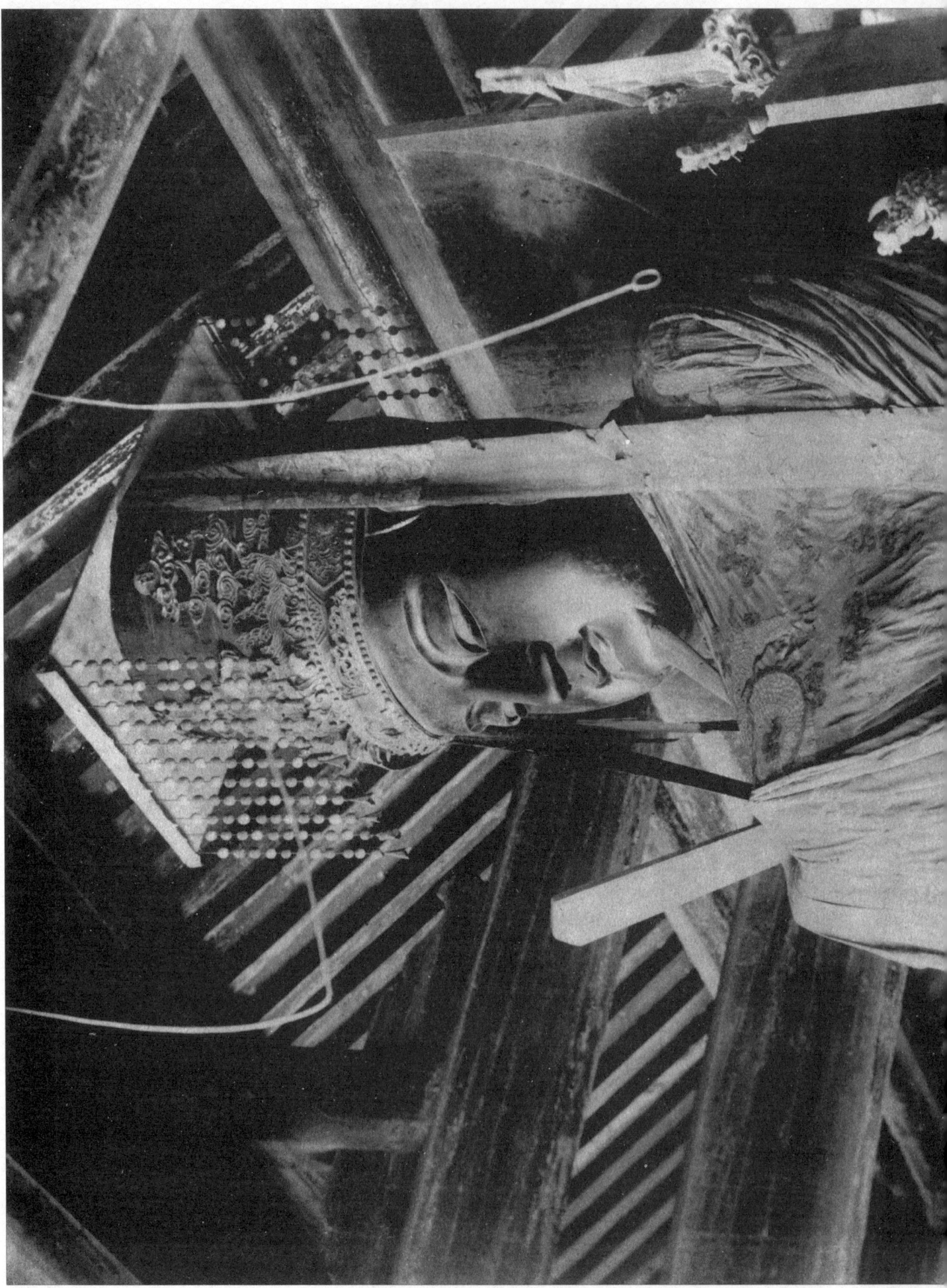

图1-85·东岳庙·东岳宝殿·东岳大帝

碧云寺

根据《顺天府志》记载，寺在昭庙、石桥北边，为元耶律阿勒弥创建。因明正德年间（1506—1521）太监于经扩建，当地人称之为于公寺。明天启三年（1623），魏忠贤重修。清乾隆年间（1736—1795）重修了正殿、六方亭、次层殿、三重殿。（图1-86、图1-87）

此寺也有大正觉塔。根据乾隆御制金刚宝座塔碑，乾隆十三年（1748）西藏僧人携中印度佛陀伽耶金刚宝座塔铜制模型来朝。皇帝诏令依据模型的形制建立此塔。

北京城西门大正觉寺的金刚宝座塔为明时传来的样式。碧云寺塔是按照乾隆时传来样式建造的。两者建造时间不同，但模本都是从西藏传来。

大正觉塔建在高大的平台上，有大小五座。中塔前边设有楼梯，其形制与大正觉寺塔相同。和角塔的十一层相比，中塔为十三层，不同的只是平台前边左右有两座喇嘛风格的小宝塔。其精美的雕饰亦不分伯仲，但在塔的形态和局部的手法上略逊一筹。

（图1-88、图1-89、图1-90）（关野贞 文）

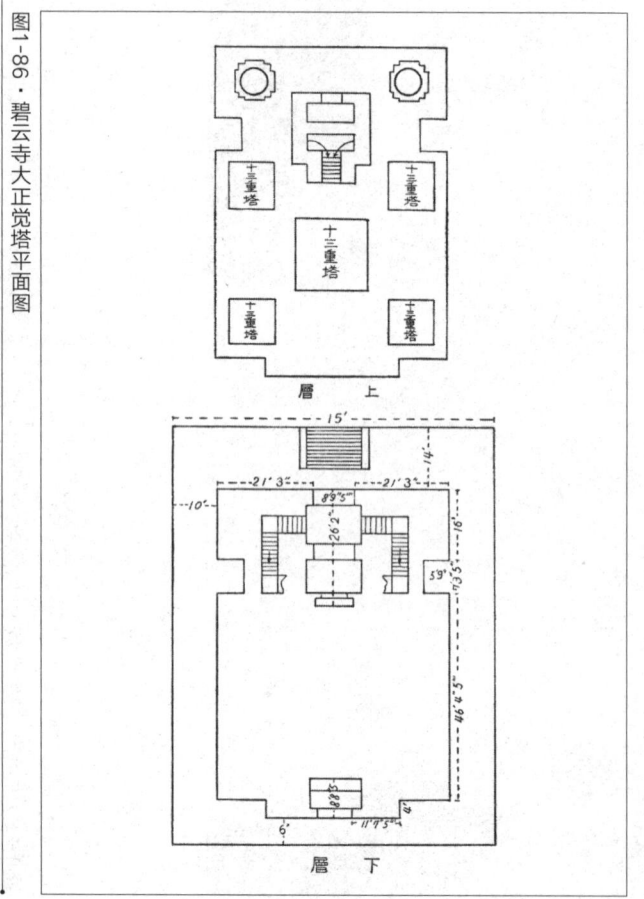

图1-86 · 碧云寺大正觉塔平面图

图 1-87 · 碧云寺 · 全景

图1-88·碧云寺·大正觉塔局部

图 1-89 · 碧云寺 · 本尊

晚清民国时期中国名胜古迹图集 · 第拾贰卷 · 河北北京

图 1-90 · 碧云寺 · 仁王像

卧佛寺

卧佛寺位于玉泉山西南五里香山旁边的五华山。唐时修建，原名兜率；明改为永安；清时叫十方普觉寺。因寺中有卧佛，又称卧佛寺。佛为铜制，卧眠殿上，长三丈余。殿前有娑罗树，粗数围。寺后有屋，阔数间。间以池沼亭阁。古木怪石，曲折错落。（图1-91）

（常盘大定 文）

图 1-91 · 卧佛寺 · 本尊

戒台寺

　　戒台寺去北京七十里，枕西山独乐峰。山麓有石刻牌坊一座，高三丈宽五丈，瓦橼、榱桷、梁柱皆白石雕成。由此登山，蜿蜒行约里许至寺门。唐初称慧聚寺。辽时法均大师开山筑戒坛。坛方广极大，四围三出石陛，全用汉白玉石做成。戒坛上安放佛像。戒坛之大，为全国第一。金时波罗尊者在此说教。明正统时改名为万寿寺。成化时有道孚法师，人称鹅头祖师，扩建殿宇。正殿为大雄宝殿。殿额据传为严嵩所书，但实在不像。正殿后边是千佛阁。阁东是戒坛。前有明慈圣太后所铸银鼎，上有观音殿。阁东还有慧聚堂，为清恭亲王所建。西有方丈室，僧舍分寺众多，不能一一记述。戒坛后有金天德四年（1152）立的碑，以韩昉撰文，高衎书写而闻名。但近来文字漫漶，辨识困难。戒坛以松著称。原来有活动松，清光绪十七（1891）年枯萎。现存卧龙松、九龙松、抱塔松。

　　以上根据《旧都文物略》编写。（图1-92）（常盘大定 文）

图 1-92 · 戒台寺 · 全景

万寿山 颐和园

颐和园位于北京城西北，距西直门二十余里，原名好山园。清乾隆十五年（1750）更名为清漪园。咸丰庚申（1860）年与圆明园一同被毁。光绪十四年（1888）重建后改为现名。

园北部为万寿山，南部为昆明湖。万寿山原名瓮山。明弘治七年（1494），助圣夫人罗氏在山南麓建圆静寺。清乾隆十五年（1750）孝圣太后六十大寿时再建大报恩延寿寺，因此山易名万寿山。(图1-93、图1-94、图1-95)昆明湖原名西湖，俗称大泊湖，也是在乾隆十五年（1750）几经疏浚后改为现名，水源来自玉泉山。(图1-96)

全园五分之一为山，五分之四为水。园内宫殿建筑宏伟精巧，风景秀丽，堪称东方美的代表。园以山为中心，可分为四部分。

（一）山东部。进入园门西行，南有仁寿殿，原名勤政殿，清高宗曾在此听政。旁有大圆宝镜。北为德和园，内有戏台，即颐乐殿，是帝后看戏的地方。稍西有玉澜堂、宜艺馆。临湖有藕香榭、夕佳楼。再稍西有乐寿堂，清慈禧太后曾在此居住，东屋是佛堂。庭前有块大石屏，石屏上雕刻着海水的波浪。这块大石有石座，是明代米万钟遗物，乾隆御诗镌刻其上。东北角有景福阁，旧名昙花阁，南向，周围有回廊。阁东是谐趣园，由涵远堂、知春堂、圣新楼环绕。楼北有小瀑布，石上刻着慈禧手书"泉流不息"。另外还有澄爽斋、饮渌亭、洗秋亭、知鱼桥、霁清轩、清琴峡诸名胜。从谐趣园通往德和园的路上有赤诚、霞起、紫气、东来等建筑，均为城阙式建筑。

（二）山南部。从乐寿堂向西循长廊而行，廊东起于邀月门，西止于石丈亭，共有二百七十三间。排云殿居中，东有留佳亭、对鸥坊、寄澜亭，西有秋水亭、鱼藻轩等。半山有含新亭。西边是养云轩、福荫轩、意迟云在、无尽意轩、圆朗斋、写秋轩、重翠亭、介寿堂。介寿堂为慈福楼改建而成。院内有连理柏和紫玉兰各一株。由此向西是排云殿，为全园胜景处。前边，牌楼宏伟，是圆静寺的遗址。廊内有碑亭，藏乾隆书题五百罗汉堂记和平定准噶尔的碑文。殿后，拾级而上，可到佛香阁(图1-97)，这里是全园最高处。阁内供奉着接引佛。阁东稍下是转轮藏。西边稍下是宝云阁，内有铜佛像，过去朔望时为喇嘛奉经之所。后边是众香界。(图1-98)

（三）山西部，有清华轩、邵窝、云松巢、贵寿无极。再向西有听鹂馆，内设戏台，过去是嫔妃的住所。北边是画中游、湖山真意。西边临湖有石丈亭。亭外石舫屹立水中，游船会集于此。(图1-99)经寄澜堂、临河殿、延赏楼再向西行，过荇桥有迎旭楼和澄怀阁。

（四）山北部。最高的智慧海在佛香阁之上，俗称无量殿。砖石结构，外饰琉璃砖，砖上都嵌佛像。上边和右边是云会寺。左边是香严宗印阁、须弥灵

境、苏州街、善现寺。宗印阁后边的延寿寺内移置了铜铸三世佛及十八罗汉像。东边是花承阁，内有琉璃多宝塔。(图1-100)西有香岩堂、清可轩、贶春园、味闲斋。临河是绮望轩，轩下有石洞。山周围的景物至此已尽。

以昆明湖为主也可将景区划为两部分。湖东从耶律楚材墓为起点，沿湖堤经文昌阁。阁有三层，中层有文昌像。湖岸旁水中有知春亭，有板桥可通。南边有铜牛，与亭堤畔相峙。(图1-101)过十七孔桥(图1-102)到涵虚堂、月波楼、鉴远堂。三处均位于湖心。再向南是凤凰墩和绣漪桥，此为东南部。

湖西北部，逶迤向西，湖畔有畅观堂。湖西有治镜阁，阁原有三层，下为圆城，今已成废墟，只剩圆城旧基。渡湖有玉带桥。沿北堤有豳风桥、界湖桥。南边有镜桥（上有敞亭）、练桥、柳桥，所有桥制样式各异。玉带、绣漪照实形作。十七孔桥尤其美观。全园周长达十六余里。(常盘大定 文)

图1-93·万寿山·全景

图 1-94 · 万寿山 · 全景

图 1-95 · 万寿山 · 大殿

图 1-97 · 万寿山 · 佛香阁

图 1-98·万寿山·众香世界

图 1-96 · 万寿山 · 昆明湖

图 1-100 · 万寿山 · 琉璃塔

图1-99·万寿山·石舫

图1-101·万寿山·铜牛

图 1-102 · 万寿山 · 十七孔桥

玉泉山 ｜ 静明园

　　玉泉山位于万寿山西。金章宗在山麓建泉水苑行宫。元世祖建昭化寺。明英宗建上、下华严寺。清康熙十九年（1680）又建澄心园，康熙三十一年（1692）改称静明。乾隆时期增建馆阁。乾隆五十七年（1792）加以重修。旧志记载静明园有十六景，每处都有殿阁，上下隐依，多至数十处。咸丰庚申年（1860）焚毁。光绪年间略加修葺，庚子年又遭焚毁，现存园门为原来的小东门。进门向北，有五孔闸。闸西是试墨泉。向北再向西行，有十六景之一的镜影涵虚旧址。东边是同为十六景之一的风篁清听旧址。

　　园内正院是合晖堂，北边是尊坚固林泉，南边为裂帛湖。泉东是清音斋。裂帛湖西南是翠云堂和华滋馆。东边有甄心斋和开锦斋旧址。华滋馆的西南有第一泉。上边是龙王庙。再向南有观音洞、真武庙、吕祖洞。西南有白石塔，此为华藏海旧址。由华滋馆向北是水月洞和云外钟声。再由华严旧址向上北行，有滋生洞。东边是华严洞、罗汉洞和明下华严寺旧址伏魔洞。由华严洞北进是香严寺，寺今已圮毁，只有玉峰塔得以重建。(图1-103、图1-104) 塔北是雪琴音峡。峡北有妙高塔，俗名锥子塔，此处即是妙高寺旧址。此塔东南山下有宝珠、涌玉两泉。南岩下有洞，刻有天龙八部石像，东山腰有楞伽洞。

　　华滋馆向西经承诏门，再向西北有琉璃塔，此为圣缘寺旧址。塔北是挹清芬。仁育宫向西南，经半壁桥可到迸珠泉。（常盘大定 文）

图 1-103・玉泉山・玉峰塔

图 1-104 · 玉泉山 · 玉峰塔局部

圆明园址

　　圆明园位于北京西直门外二十里的万寿山颐和园附近。圆明园是清康熙四十八年（1709）为太子雍正帝在北京西北郊营造的，名圆明。雍正帝即位后进行了扩建，其后的乾隆帝也进行了增筑，使圆明园成了规模宏大且设施完备的离宫。

　　特别值得注目的是园内的长春园，这是乾隆帝营造的中国最早的西式建筑，为乾隆帝命意大利人伽斯底里奥内（即郎世宁）加入中国元素建造的意大利巴洛克式壮丽的石筑宫殿。法国传教士布诺伊斯特（即蒋友仁）建造了欧式喷泉。这座美轮美奂的建筑，其盛名甚至传到了遥远的欧洲。然而令人惋惜的是清咸丰十年（1860）英法联军掠夺珍玩奇货后将建筑物全部烧毁，现在完全成为了废墟。（图1-105、图1-106）（常盘大定 文）

图 1-105 · 圆明园址

图 1-106 · 圆明园址

宛平｜卢沟桥

此桥因横架卢沟河上故称卢沟桥。

卢沟晓月，为旧京八景之一。桥长六百米，十一孔。金大定二十九年（1189）建，明昌三年（1192）竣工。铁路未通之前，为南十九省进京者必经之路。桥两旁石栏上刻着石狮数百只，造型神态无一雷同。桥头有城堡，名拱极城，现为宛平县府之所在。此城扼守水陆，实为要地。

卢沟河距北京二十余里，又称桑干河，是分出来的一条。源出山西马邑县北的雷山，入旧都宛平境内，流向东北，直奔卢师山西，因此河名卢沟。未建铁路时，为各省北来必经之路。金代建桥时叫广利，为北方之巨大工程。

根据晋陵蒋一葵记，桑干下游是浑河。浑乃河水浊流之意，浑河下游是卢沟，卢谓水黑。值晴空朗月之时，野旷天低，曙色苍苍，波光淼淼，是为京师八景之一卢沟晓月。顾炎武的《北平古今记》载：距京师三十里的卢师山，相传是隋代沙门卢思降服青龙的地方。

此卢沟晓月已成为文藻题目。金赵秉文有卢沟诗七绝一首；金元好问有出都经卢沟作七律二首；元曾棨有晓过卢沟作七律一首；明邓州李贤有过卢沟桥诗七绝四首；清乾隆帝有御制七绝一首。

以上根据《旧都文物略》编写。（图1-107、图1-108）（常盘大定 文）

图 1-107 · 卢沟桥

图 1-108 · 卢沟桥

八里庄 ｜ 慈寿寺砖塔

慈寿寺位于北京阜成门外八里许的八里庄，系明万历四年（1576）神宗皇帝为慈圣皇太后建造的寺院，故称慈寿寺。《帝京景物略》载：

万历丙子，慈圣皇太后为穆考荐冥祉。神宗祈胤嗣，卜地阜成门外八里，建寺焉。寺成，赐名慈寿，敕大学士张居正撰碑。时瑞莲产于慈宁新宫，命阁臣申时行、许国、王锡爵赋之，碑勒寺左。寺坏朽丹漆，与梵色界诸天，与龙鬼神诸部，争幻丽，特许中外臣庶，畏爱仰瞻。有永安寿塔，塔十三级，崔巍云中，四壁金刚，振臂拳眷，瞥瞅据蹻，如有气呑呑，如吡吡有声。天宁隋塔摹也，中延寿殿，后宁安阁，阁扁慈圣手书。后殿奉九莲菩萨，七宝冠帔，坐一金凤九首。太后梦中，菩萨数现，授太后经，曰《九莲经》，觉而记忆，无所遗忘，廼入经大藏，乃厥像，范金祀之。寺有僧自言，梦或告曰：太后菩萨后身也。

由此记载可知慈寿寺之由来。此寺今存十三层砖塔，系明万历四年（1576），依照北京天宁寺十三层砖塔之形制而建造。

此塔有双层基座，基座雕饰富丽，并有高栏围绕。塔身底层立于莲花座上，隅柱上有蟠龙浮雕。四

个正面均有拱门，门两旁塑有金刚力士。四个隅面各开一花头窗，窗上现一云中坐佛。云中坐佛左右两旁有菩萨像，下面又有一坐佛浮雕，并有十二尊多面坐佛像。第二层以上，塔身低矮，各层皆用斗拱，前进后出，以承二轩，塔盖葺瓦，各层层高递减明显，比北京天宁寺更显形态庄重。塔顶上只简单饰以宝珠、露盘。

此塔形态完好，基座及底层各面所施雕饰极为精美，不失为明代塔婆建造的代表作。（图1-109）（关野贞 文）

图1-109·慈寿寺·砖塔

河北 昌平 CHANGPING COUNTY OF HEBEI PROVINCE

河北 房山 FANGSHAN COUNTY OF HEBEI PROVINCE

BEIJING CITY OF HEBEI PROVINCE

CHANGPING COUNTY OF HEBEI PROVINCE
FANGSHAN COUNTY OF HEBEI PROVINCE

YIXIAN COUNTY OF HEBEI PROVINCE
XINGLONG COUNTY OF HEBEI PROVINCE
JIXIAN COUNTY OF HEBEI PROVINCE

河北北京
河北昌平　河北房山
河北易县　河北兴隆
河北蓟县

河北昌平

明十三陵

明太祖的陵墓叫孝陵，在南京。第二代世祖从南京迁都至北京后，历代皇陵都建在昌平北方的天寿山下。明永乐七年（1409），成祖在天寿山下筑寿陵（后名长陵）；永乐十三年（1415）落成。其后宣宗宣德十年（1435），开始在参道两侧造石人、石兽。此后历代十二座皇陵以长陵为中心左右展开营造。

现将历代皇陵列记如下：

一　长陵　成祖（永乐）在天寿山中峰笔架山下，位于全陵中央正面。

二　献陵　仁宗（洪熙）在天寿山西峰下，长陵西北约一里处。

三　景陵　宣宗（宣德）在天寿山东峰下，长陵东北约一里半处。

四　裕陵　英宗（正统）在石门山东，献陵西约三里处。

五　茂陵　宪宗（成化）在聚宝山东，裕陵西北约一里处。

六　泰陵　孝宗（弘治）在史家山东南，茂陵西北约二里处。

七　康陵　武宗（正德）在金岭山东北，泰陵西南约二里处。

八　永陵　世宗（嘉靖）在十八道陵，长陵东南约三里处。

九　昭陵　穆宗（隆庆）在大陵山东北，长陵西南四里处。

十　定陵　神宗（万历）在大陵山东，昭陵北约一里处。

十一　庆陵　光宗（泰昌）在天寿山西峰右侧，献陵西北约一里半处。

十二　德陵　熹宗（天启）在双锁山擅子岭西南，永陵东北约一里处。

十三　思陵　怀宗（崇祯）在锦屏山下，昭陵西约一里半处。

从成祖到怀宗十四帝王中，除景帝陵在宛平西的金山外，其他十三帝陵都营造在天寿山下，故俗称十三陵。

除了长陵，其他十二陵的参道均未列石人、石兽，长陵的石物即成了全陵的象征。

长陵的规模极其雄大，远超过唐宋陵，古今无出其右者。从参道入口到长陵前门约二里，由此可知营造工程之浩大。

其他十二陵在建制上与长陵几乎一样，但是规模小，装饰简单。嘉靖帝的永陵壮丽气势仅次于长陵。洪熙帝的献陵、宣德帝的景陵则比较简朴。

这些皇陵在明亡时遭李自成践踏，树木被伐，内部陈设被其掠走，甚至纵火三陵。虽经清朝乾隆时期时修缮，但规模似被缩小了。以后被放任自然荒废，现檐落木露，多处呈漏雨状态。（关野贞 文）

长陵

明十三陵的代表长陵，坐落在昌平黄土山（后被封为天寿山）下。陵入口处有大石坊，是用白大理石造的五间牌楼，上边装饰着富丽的雕刻。（图2-1）过牌坊是大红门，有三条隧道般通道。过了通道，是大碑阁，内立刻有"大明长陵神功圣德碑"的大石碑。其四角立有四根高约四十尺的大理石华表。华表为大圆柱，周围刻龙，顶部载有石兽。（图2-2）过华表，又矗立着一对刻有云纹浮雕的石柱，然后是石兽、石人行列。（图2-3）石兽为狮子、獬豸、骆驼、象、麒麟、马六种，或立或卧，交相放置。（图2-4、图2-5）过了石兽就是石人行列。石人有武臣两对、文臣两对、勋臣两对。（图2-6）石兽、石人共十八对，三十六尊，依次夹参道而立，景象实在壮观。

过了这些石像，是大理石造的棂星门，俗称龙凤门。再过三座石桥，才到长陵前门。前门葺黄琉璃瓦，辟三处入口。左右红墙东西延伸环绕茔城。门东有五间神厨，西边有五间神库。入前门至祾恩门。此门耸于高大的石基之上，周围环绕着白大理石高栏，前后设三处石阶，中央台阶是刻有龙凤的斜石，称龙凤石。

进祾恩门到正殿祾恩殿，左右原有配殿，现无存。殿中安置太祖神位。祾恩殿广九间，深五间，为重层寄栋结构的巨大宏伟建筑。正面长二百一十九尺一寸，侧长九十六尺三寸一分。殿内木柱均为樟树整木，内外色彩华丽。殿建于大理石筑就的三层基坛之上，有华美的高栏围绕，主柱上方雕刻龙凤。正面设三处石阶，中央石阶置龙凤石。殿顶均葺黄釉琉璃瓦，实为壮观。（图2-7）

祾恩殿背后有三阙红门，过去后有两柱门。后边是五供台，香炉居中，左右置烛台、花瓶。台亦为大理石筑就。五供台背后的高台之上耸立着重层明楼，里边立有题"大明成祖文皇帝之陵"的大碑。（图2-8）

高台下设隧道式通道通至台上。

坟为巨大土馒头，周围作城墙形围绕宝城。坟上现多松柏，苍郁茂盛。

作为建筑材料的白色大理石，是自北京西南二三十里的西山采出，再施以华丽雕饰。

十三陵以长陵为代表，其他诸陵可依次类推。（常盘大定 文）

图 2-1 · 明十三陵 · 长陵 · 大石坊

图 2-3·明十三陵·长陵·石柱

图2-4·明十三陵·长陵·骆驼

图 2-5·明十三陵·长陵·麒麟

图 2-6 明十三陵·长陵·石人

图 2-7·明十三陵·长陵·棱恩殿

图 2-8 · 明十三陵 · 长陵 · 明楼碑

居庸关

居庸关位于昌平西北四十里处，是北京去张家口国道的关口，在八达岭山麓。居庸关从秦至北齐称纳款关。唐称蓟门关；元时改为现名；(图2-9、图2-10)

以居庸关为中心，南起南口，北到八达岭下北口一带的狭长通道是北京的关口，自古为军事要冲。燕赵时就在此地营造长城。秦一统海内，建造西起嘉峪关，东抵山海关的"万里长城"时，就是在燕赵旧城的基础上加以增筑的。

自北魏、北齐至唐以来，关口屡加修筑。元也很重视此地，派驻守兵。元灭亡后，明逐其族至漠北。为防止他们重整旗鼓卷土再来，就在边界筑墩堡，修长城，屯士兵。以东起鸭绿江西至嘉峪关，绵延一万余里的长城加强北部边境的守备，这实为前所未闻之事。明将这条防卫线分为九段，置辽东、蓟州、宣府、大同、太原、延绥、宁夏、固原、甘肃九镇。其中蓟州镇所辖从山海关经喜峰口、古北口到居庸关后，再延至紫荆、倒马、雁门关的这段长城线，是守卫北京最重要的防线。因此明朝对这一带长城、烽火台的整备是全力以赴的。

明臣奏议称，成化三年大学士商辂上疏："从山海至雁门关中，如喜峰、古北、居庸、白羊、紫荆、倒马，虽有官军把守，但各关地方散阔，很多山坡有小径可通人马……乞请派一员大臣赴各关监督守备，带领士兵逐一营筑关口。如此可谨严边关，安定内地人心。"

看今天蓟北雄伟壮丽的长城，可以想见明朝锐意营造长城的决心。

最初建筑长城始于战国时代。至秦，统一旧城，创建万里长城大业。其后的两汉、北魏、北齐、后周以及隋朝，修缮了其中一部分。到了明代，修整了全城墙。因此现存的长城，几乎都是明代遗构。战国秦汉时代长城的样子已无从知晓。(常盘大定 文)

居庸关长城的支线在南口西边山顶，断续延至居庸关，然后越过河流，沿居庸关东北山脉到八达岭。其结构为下层用方石或乱石堆砌，只在上层用砖。下层石头，仅用于表面，里边填土。城墙厚度上边约六步。城砖也与一般的不同，为大型砖，长一尺

二寸至一尺八寸，宽六寸至七寸五分，厚两寸五分至三寸左右，用石灰胶泥砌成。上城墙，里边各处有筑为拱形的入口，由此拾级而上。另外各处又置城楼。城楼也被造成可以登城墙的结构。城楼一般以设在长城城墙上或转弯处，即设在蜿蜒处为普通，但有的也设在离开城墙的地方。这一带长城的筑造年代，《读史方舆纪要》"居庸关"条中载：北齐高洋天保七年北巡至速儿岭，见条条山川险要，于是筑长城从幽州下口西边至恒州，长九百余里。《大清一统志》"长城子注"中引《隋书·地理志》：昌平县有长城。《怀来县志》"地舆部"引《唐书·地理志》：妫州妫川郡怀戎县北九十里有长城，有东西长十里的居庸塞，为天下险。由此可知这一带的长城，建于北齐，至隋唐犹存。《大清一统志》"宣化府"条引《唐书·地理志》：八达岭西，怀来县北一带的长城为唐开元年间张说

图 2-9 · 居庸关 · 关门

所建。关于其修筑年代,《读史方舆纪要》中记载：天历初,奉诏来居庸关,垒石加固,调壮丁守卫。明初,即已平定元都。洪武二年大将军徐达垒石为城,还在居庸关北门附近的部分长城砖造箭垛内侧,嵌入刻有"万历三十五年春修"字样的石板。综合这些情况来看,可知这一带长城为北齐天保七年（556）营造；元天历元年（1328）和明洪武二年（1369）修筑了石造部分；明万历三十五年（1607）修筑了砖造部分。以上根据冢本靖博士纪事编写。

图 2-11、图 2-12 显示的是南口附近的长城及烽火台。图 2-13 为号称天下第一关的山海关。图 2-14 是长城起点。图 2-15、图 2-16 为古北口附近的长城及烽火台。图 2-17、图 2-18 是八达岭长城。（常盘大定 文）

居庸关被称为过街塔的建筑是横断国道筑起的城墙。城墙中间有贯通南北的穹窿门。以前门上有宝塔,白石筑造,穹窿的拱石外轮线为半圆形,内轮线是五边折角形。墙高三十一尺,门宽二十四尺,深四十九尺八分。（图 2-19）

前后拱石刻有喇嘛教雕刻。中间最高处是迦楼罗（金翅鸟）,左右是龙女。龙女头冠七蛇,合掌,尾为蛇身。两女一起将一脚放在迦楼罗脚下。因金翅鸟象征着善,龙代表了恶,这块金翅鸟脚踏龙女一足的雕塑,意为邪不胜正。

当初,关门上边有喇嘛教特有的西藏式宝塔,而今不存,只剩石栏围绕。喇嘛教是在元世祖时,因与广袤版图中绝大多数人所信仰的萨满教相似而被定为国教,因此喇嘛教与时俱进走向昌盛,成为那时有影响的宗教。此关门可以说正是现存喇嘛教建筑中的艺术珍品。

拱道内壁刻满了薄肉雕佛像、天部、恶鬼等。前后入口处有四天王像,天王之间用六种文字刻着迦楼罗。（图 2-20、图 2-21、图 2-22）六种文字如下：

一、梵　　文　Rantsa（图 2-23）
二、藏　　文　Tibet（图 2-24）
三、拔思发文　Paspa（图 2-25）
四、回　鹘　文　Uigur（图 2-26）
五、西　夏　文　Tangut（图 2-27）
六、汉　　文　Chinese（图 2-28）

当时元的版图非常广阔,使用多种文字的不同民族共存,所以才有如此现象,足见元朝的雄心壮志。藏学家拔思发（译者注,应译为"八思巴"）应世祖之邀来朝,被尊为帝师。元至元六年（1269）,根据藏文为元作新字大元国字,称拔思发文字。拔思发为促进元朝文化的盛兴所做出的贡献之大,难以尽述。彼贵为皇天之下,一人之上,以开教宣文辅治大圣至德、普觉真智、佑国如意、大宝法王、西天佛子、大元帝师、班弥怛的称号受到尊奉。元至元十七年（1280）入寂,四十一年后的英宗至治元年（1321）诏各路建帝师殿,由此可见其影响之大。

拱门内天井上刻有五个曼陀罗,各如其形。（图 2-29）

四天王及刻经上方东西各雕刻有五尊坐佛,坐佛左右及上方刻着千体佛。（图 2-30）

图 2-10 · 居庸关附近的长城

图 2-11 · 南口附近的长城

图 2-12 · 南口附近的烽火台

图 2-13 · 山海关 · 关门

图 2-14 · 山海关 · 长城起点

晚清民国时期中国名胜古迹图集 · 第拾贰卷 · 河北昌平

图 2-15 · 古北口附近的长城

图 2-16 · 古北口附近的烽火台

图 2-17 · 八达岭附近的长城

图 2-18 · 八达岭附近的长城

图 2-19 · 居庸关 · 过街塔

图 2-20 · 居庸关 · 过街塔壁刻六种文字

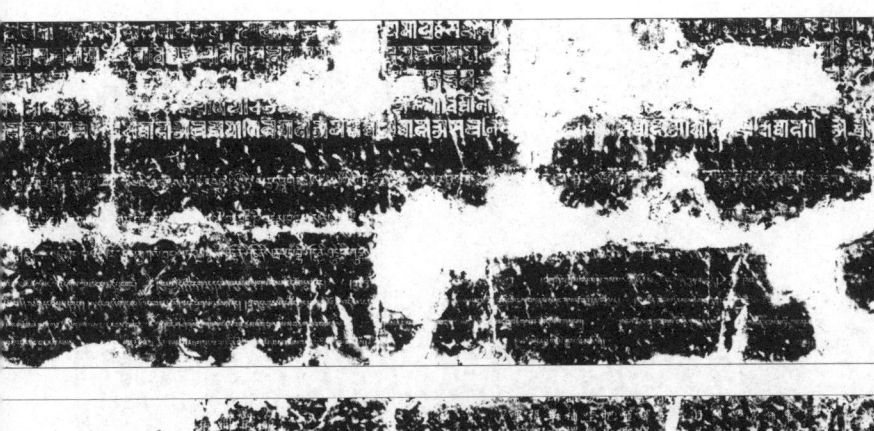

图 2-21 · 居庸关 · 过街塔 · 东壁刻六种文字拓本

图 2-22 · 居庸关 · 过街塔 · 西壁刻六种文字拓本

图 2-23·居庸关·过街塔壁刻六种文字拓本

图 2-25·居庸关·过街塔壁刻六种文字拓本

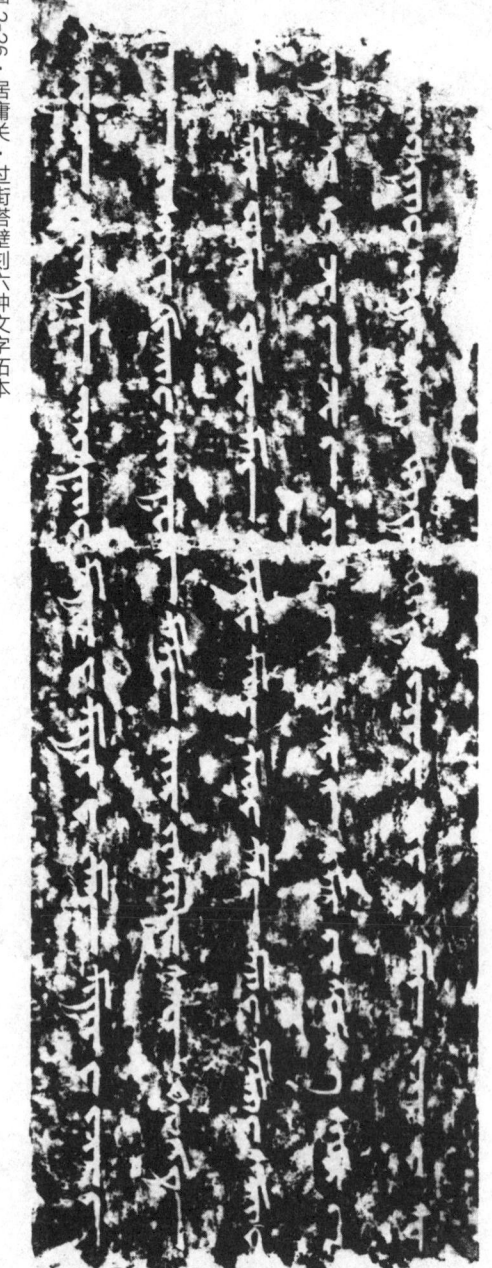

图 2-26·居庸关·过街塔壁刻六种文字拓本

图2-24·居庸关·过街塔壁刻六种文字拓本

图2-28·居庸关·过街塔壁刻六种文字拓本

图2-27·居庸关·过街塔壁刻六种文字拓本

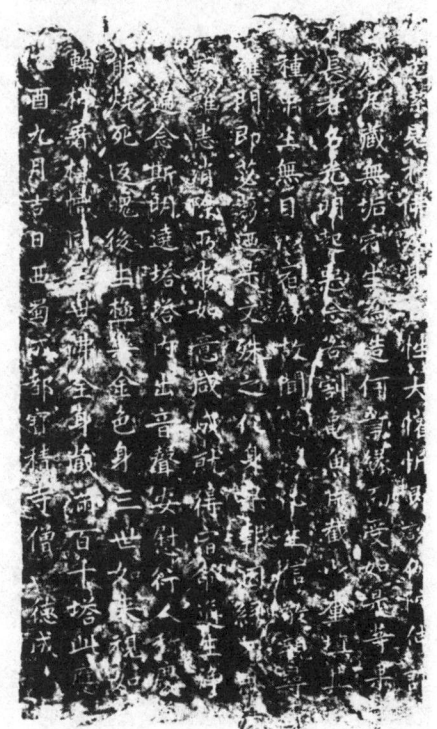

图 2-29 · 居庸关 · 过街塔 · 天井

图 2-30・居庸关・过街塔天井斜面・佛像

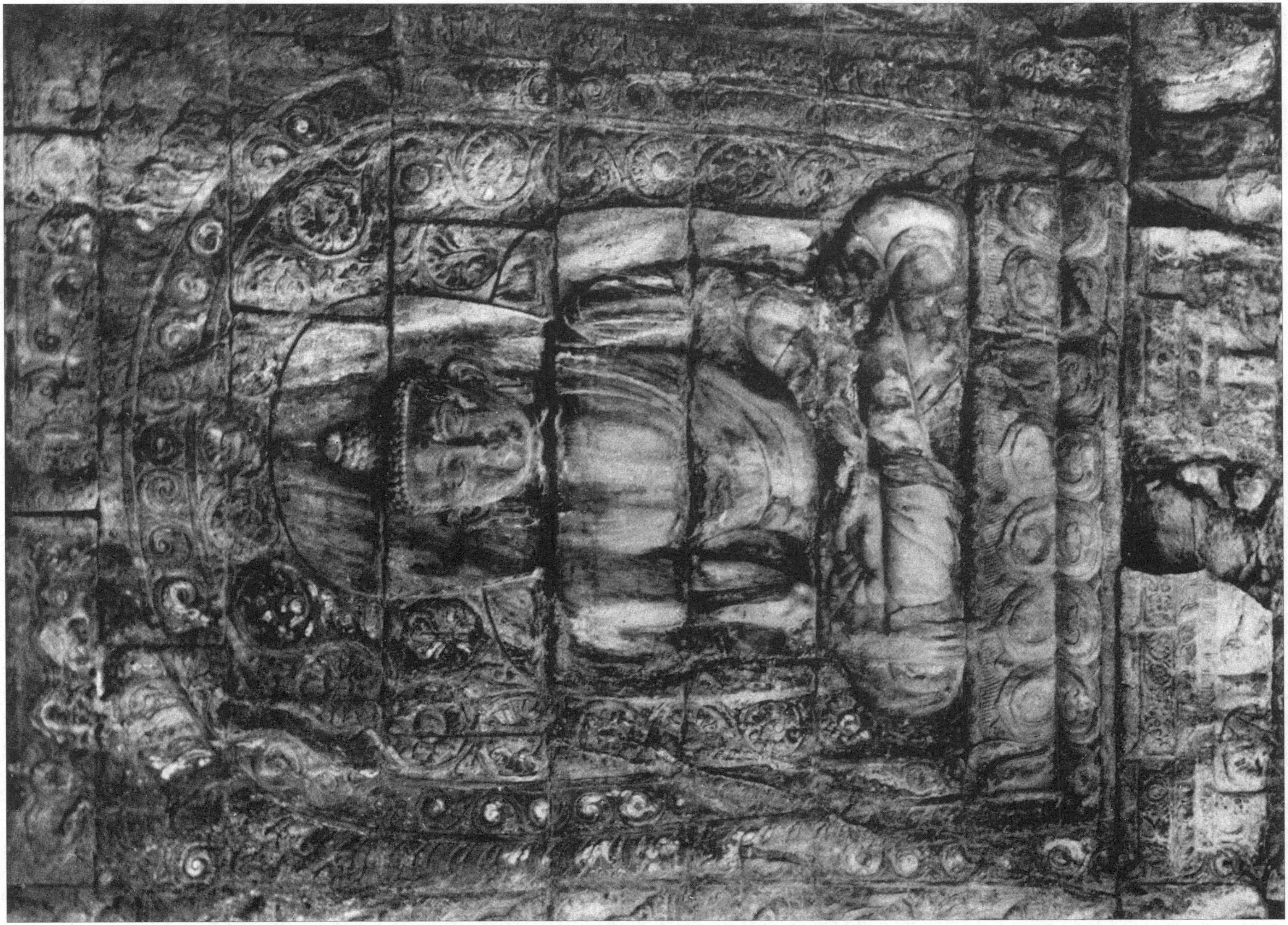

四天王像

四天王像刻在西壁北边是多闻天（Vaiśravana-deva），西壁南边是广目天（Virūpākṣa-deva），东壁南边是增长天（Virūdhaka-deva），东壁北边是持国天（Dhṛtarāṣṭra-deva）。

多闻天（图2-31）右手持伞而立，右脚被鬼神托起（图2-32），伸出左脚踏鬼怪。左右两边各有侍从，右边是持矛武士，左边为含笑托塔鬼神。

广目天（图2-33）右手握蛇，伸出右脚踏在鬼怪背上。右侍从为双手持笏的文人，左侍从是持戟武士。

增长天（图2-34）双手按剑，右脚弯曲被善鬼托起，左脚伸出踏住鬼怪。（图2-35）右侍从是身背大箜篌的武士，左侍从为右手握拳放在肩旁，左手按剑柄的武士。

持国天（图2-36）手弹琵琶，伸出右脚踩在妇女（？）背上，左脚弯曲放在鬼怪肩上。左右两侍从都是武士，右边的持梵筴，左边的持杖。

这样的四天王形象和位置，在常盘大定的调查范围内是独一无二的。有时位置一致而手持物件不同，试举例如下：

居庸关	东北—持国天（琵琶） 西南—广目天（蛇）	东南—增长天（剑） 西北—多闻天（伞）
天台山万年寺	东北—增长天（琵琶） 西南—多闻天（蛇）	东南—持国天（剑） 西北—广目天（伞）
天童山	东北—持国天（琵琶） 西南—增长天（剑）	东南—广目天（伞） 西北—多闻天（蛇）
普陀山普济寺	东北—持国天（剑） 西南—增长天（蛇）	东南—广目天（琵琶） 西北—多闻天（伞）
普陀山法雨寺	东北—持国天（剑） 西南—增长天（伞）	东南—广目天（琵琶） 西北—多闻天（蛇）
武昌宝通寺	东北—持国天（琵琶） 西南—增长天（伞、塔）	东南—广目天（剑） 西北—多闻天（蛇珠）
汉口归元寺	东北—持国天（蛇） 西南—增长天（琵琶）	东南—广目天（伞、塔） 西北—多闻天（剑、鼠）

关于这些雕刻及刻经的年代存在不同说法。广目天左边有明正统十年（1445）五月五日，功德灵信官林普贤发愿修造之铭，这虽可证明修缮年代，但初雕年代为何时呢？

一说为元至正五年（1345），在德成所刻的铭文中有穆穆仁皇慈懿后的话，是武宗为这些人祈冥福而营造的功德塔。另一说因德成刻文中有喜幢吉祥贤庆赞的文字，所以世祖时代（约1250）就有了宝塔及殿宇的庆赞开眼。另一说为元泰定三年（1326）所建。顾炎武《昌平山水记》载：城之中有过街塔，临南北大路，累石为台。如谯楼而甃其下，以通车马。上有寺，名曰泰安。正统十二年赐名下竁处，刻佛像及经，有汉字，有番字。元史泰安三年五月，遣指

挥使兀都蛮，镌西番咒语于居庸关崖石。今其刻甚多，非一时笔也。如此，六种文字经文的雕刻是泰定三年以后数回营造而成。关于佛像，顾炎武没有明确说明，但如果不是数回而成，那当然是泰定三年建造的。

异说虽如此之多，但根据元至正五年（1345）德成铭文推断，那时所造是最稳妥的。

总之此关门的拱卷很特殊，内壁刻着精美的雕刻。四天王像雄豪，侍从、恶鬼怪奇。天井诸佛稳重，有细密的背光。其精巧的手法，纤细的镌刻，作为元代的巨制珍品自不必说，还因其带有很多喇嘛教色彩和西藏特质，故尤其令人感兴趣。

图 2-31·居庸关·过街塔西北·多闻天（执伞）

图 2-32 · 居庸关 · 过街塔 · 多闻天膝下善鬼

图 2-33 · 居庸关 · 过街塔西南 · 广目天（执鼠及蛇）

图 2-34 · 居庸关 · 过街塔东南 · 增长天（执剑）

图 2-35 · 居庸关 · 过街塔 · 增长天足下恶鬼

图2-36·居庸关·过街塔东北·持国天（执琵琶）

壁刻陀罗尼

壁刻汉字有两个陀罗尼。东边是一切如来乌瑟腻沙最胜总持，西边是佛顶放无垢光明入普门观察一切如来心陀罗尼。二者都是将陀罗尼放在前边，后边刻有解释说明陀罗尼缘起的经文，为元至正五年（1345）西蜀成都宝积寺寺僧德成发愿写成。

东边的陀罗尼出自宋法天所译《佛说一切如来乌瑟腻沙最胜总持经》，由于壁刻完成于元，因而文字有异，有时语句亦有异。陀罗尼后附经文，与宋译完全不同。因壁刻经难以通读，所以根据宋译，将陀罗尼的缘起和利益概述如下。

佛一时在极乐佛刹的大善法堂中。那时无量寿如来向圣观自在菩萨说："善男子所有一切众生，诵读一切如来乌瑟腻沙最胜总持法门的话，很快就能得到无病长寿安乐。"后来为了回应菩萨的请问，佛入普照吉祥三摩地，从定出已。他讲完了这段陀罗尼以后宣布：如果在素帛或者桦皮上写上这些，安置在塔中，供养礼拜的话，能增长智慧。如果坚持七天，可延寿七年。坚持七年，则可延寿七十年，且安乐无病。如果用牛黄在净帛或桦皮上写上这段总持及自己的姓名，以栴檀为塔，将其安置供养在塔内，再将这段总持念上八百遍的话，可除众病并延寿百岁。如果是栴檀，并用净泥为塔，内画羯磨杵，外画金刚界四门守护，再放入自己的姓名及总持，所获得的功德将异于从前。或用牛黄书写这段总持，安放在净器中，盖上净器，安置在屋内供奉，可避诸灾。还可用不着地的瞿摩夷，做四方曼拏罗并在其上放白革，在坛四角燃四盏酥灯，焚沉香乳香，钵中盛满功德水，再用白革为鬘，将这段总持安放在塔中或功德像中，安置在坛上。诵读之人，左手置坛上，右手持数珠，一天三次诵读总持二十一遍，饮加持水三合，可去诸病，延寿百年，冤节尽解，获无碍辩，得宿命神通。如果将加持净水洒在王宫，或自宅或牛马等所在之处，可速除罗刹龙蛇之难。如在病苦之时，将水从头浇下，可永除一切重病。如果以此总持加持杨枝二十一遍，可使楷齿无病并获聪明长寿。用净器盛水，加持二十一遍，一天三次喝水三合，每喝一次加持一遍，如此可除一切病患，得安乐长寿。

后来，在圣观自在菩萨的请求下，无量如来在做了对一切如来无量寿总持法门的说法后，又对最上塔庙法及成就幢像法和护摩法进行了讲解。

壁刻陀罗尼后面所刻经文中可见法身三宝尊、常乐我净、三十七菩提分、六师、舍卫国、建塔、三乘、一乘门、十如来千佛、无垢莲华顶髻明、十字密言、黄铜造像、长寿、瑞象、阿育等文字。显然和前面的经文不同。其后有记述刻经因缘的长文，文中有仁王世王、穆穆仁皇慈懿后、帝师喜幢吉祥贤、资政院使金刚义太府太卿，结尾处采撷梵番蒙古之本意，还有西天干则罗，最后为德口笔授。梵番蒙古之本意虽然与六体文字刻经有关，但可惜的是前后缺失。关于西天干则罗，恐怕应该是《佛祖同载》第三十六，元仁宗延祐元年（1314），沙啰巴转中所见帝师迦罗斯巴斡即哩，又为同书中文宗至顺三年（1332），舍蓝八哈石传中所见的帝师迦罗斯巴斡即儿。斡即哩传不明，沙啰巴为世祖所荐，翻译诸秘要传世的学者。在这里缺失的文字里有没有沙啰巴的名字呢？笔授者的德口应该是德成吧。

佛顶放无垢光明入普门观察一切如来心陀罗尼为后来所刻，经结尾处刻有元至正五年（1345）西蜀成都宝积寺僧德成的名字。大藏经中有宋时施护所译版本，意思相同但文字不同，恐怕是依元译而成。

根据宋译本，佛经的大要如下所述。

一时世尊在睹史天宫，大菩萨众并诸天众皆来集会。尔时彼天众等闻此六波罗蜜法已，心大欢喜，昼夜思唯修行观察。是时，忉利天子名摩尼藏无垢，与妙俱苏摩华天女沉迷欲乐。天子中夜睡梦之间，有炬口天药叉发声："汝天当知快乐不久，要后七日命必无常，斯事真实当自思惟宜速方便。"时炬口天药叉说是语已忽然不现。尔时摩尼藏无垢天子闻此语心极苦恼。时天女众见此事已，悉皆愁忧啼泣雨泪而失心。其中有不失心者，以天宝器盛新冷水，散洒其身，时摩尼藏无垢天子渐还惺悟。速疾往帝释天所，作如是言："天主救我。"如是告已尔时帝释天主闻此说已，知心苦切告摩尼藏无垢天子言："勿怖摩尼藏无垢，彼有佛世尊天人之师无上之士出现于世，而有法药能救，大觉世尊在睹史多宫汝可急去。"

尔时帝释天主，与摩尼藏无垢天子，往睹史多宫诣世尊所。天子问世尊作何方便而令修行得免斯苦，尔时世尊闻天子言已，于口中放种种色光，其光遍照三千大千世界。光照告已，其光还复到于佛所，绕佛三匝还从口入。是时世尊告帝释天主言，彼摩尼藏无垢天子七日之后决定命终，当堕地狱受大苦恼，痛楚无量甚大怖畏。出地狱已复生人间，而于波罗奈城竹匠之家。生溷厕中为猪面女鬼恒食粪尿，彼溷厕中复有百千俱胝蛆虫，常以三时食女鬼，身肉都尽唯存其骨，以业力故而其身肉旋复平满受如是身满七年已。然后命终复生龟中住于旷野，彼旷野中不闻水名况复其水，又无树木亦无阴凉，常处日中身体如烧唯食热土，复被乌啄其身片片堕落。以业力故身体随生寻复破裂，受如是苦满五年已然后命终。复于彼城生于鱼中，以业力故堕无水处，而彼豺狼食之，以业力故而得其水，寻复还活又生身体，受如是苦至满三年然后命终。复于阎浮提内七族中生，所谓白癞种族、补羯婆种族、生盲种族等。受斯恶报满六十年，然后复生贫穷下贱之族，身肢不具智慧乏少，一切世人见者憎恶。

尔时帝释天主，闻佛世尊说此摩尼藏无垢天子诸苦事已，极大惊怖，求师尊悯救。世尊告言帝释天主，乃有陀罗尼名佛顶放无垢光明入普门观察一切如来心，是九十九百千俱胝那由多殑伽沙如来同所宣说。此陀罗尼若有众生，得见闻随喜者，所有三世一切罪业，当堕地狱恶趣乃至傍生。悉皆破灭怖畏解脱，一切罪障悉得消除。如彼大火焚烧干草，风吹灰烬须臾散灭。又如天降大雨其水急流，山河草木一切秽恶倏然清净。又如真金从火烹炼，倍复柔软方成诸器。若有持诵此陀罗尼者，无诸疑惑，自见己身三业清净，犹如日出光明普照，又如失水之鱼还复得水。尔时世尊告帝释天主言，若复有人能书写此佛顶放无垢光明入普门观察一切如来心陀罗尼，造塔安置或修饰旧塔安置，复以粖香涂香作众妓乐而为供养。又复洁净身心，于一昼夜六次念诵此陀罗尼，又复旋绕一百八遍，能灭一切恶业，能生一切善种。天主若欲安置此心明者，至日初出时面东而坐，以诸香泥涂曼拏罗，面向于日散种种花，烧沉水香咄噜瑟迦香等，归命顶礼一切如来一百八遍，书此心明安于塔中，由如以九十九百千俱胝那余多殑伽沙等如来，如来全身舍利置于塔中而无有异。陀罗尼在说明了左边的咒文后进一步指出，如能对此佛顶无垢普门三世如来心陀罗尼塔而生恭敬，所有过去短命之业立得消除，复增寿命诸天护持。此人命终舍此身时由如蛇蜕，便得往生安乐世界，不堕地狱傍生焰魔罗界，乃至不坠一切恶趣。

尔时帝释天主于世尊处授此明已，为摩尼藏无垢天子，而于彼时往自宫中，先依如来所说仪轨，依法作塔如彼法相，烧香礼拜赞颂如来。尔时摩尼藏无垢天子说此偈已，归自宫殿，执持天华、华鬘、天香乃至天衣并复往睹史多宫诣世尊所。到佛所已作大供养，旋绕多百千匝。尔时天金刚手大药叉主等。问世尊："此摩尼藏无垢天子宿造何业获得如是极恶果报？"佛言："彼南印度有城名广圆满，有婆罗门名曰无垢，为说法师，性识聪敏善能分别诸法之相，色貌端严形仪威肃见者欢喜。是时复有长者名曰光明。无垢婆罗门，一时为人解说此心明王陀罗尼。是时光明长者生不喜心作如是思惟。此婆罗门我当如鱼如龟片片割截，复以粪秽着于口中。时彼长者作是思惟兴恶心已，寻便获得白癞病报，受大疼痛极大苦恼直至命终。既命终已，生于无间大地狱中，住彼一劫受大苦恼。出彼狱已生鱼龟中，亦经一劫而受苦报。又复生大黑绳地狱，受大苦恼亦复一劫。后出彼狱，却于本住之城生盲种中，生即无目。以宿缘故得闻苾刍住彼彼寺，心生信重亲自寻觅。而彼苾刍常行悲愍，既见来已慈心摄取，更与美食，然后复与解说此心明陀罗尼，彼闻已悔恨无量，即便命终。承陀罗尼威德力故，生为忉利天。无垢婆罗门之后解说此陀罗尼者，即文殊师利童子。"

尔时世尊告金刚手大药叉主言："谛听谛听我今为汝宣说此陀罗尼成就仪轨，若有族姓男女，念诵此明王一遍，由如旋绕二十如来全身之塔。又若念诵此二如意宝一遍，同彼十殑伽沙等百千俱胝那余多如来所，而种善根，获大福报。作方方曼拏罗，置阏伽器等旋绕曼拏罗，念诵此二如意宝一百八遍，一切烦恼、一切疾病、一切怖畏悉皆远离。诸所受用悉皆殊妙得宿命通。若依仪轨日日三时念诵二十一遍，乃至诵满一年，获得普门观察光明三摩地，得见十方一切佛刹中一切如来。若于八日、十四日、十五日旋绕如来全身之塔，诵此二大如意宝陀罗尼八百遍。当诵之时塔中有声，安慰行人而称善哉。若念诵之声堕诸傍生，及以飞禽四足、二足、多足、无足，种种虫蚁含识之类，一切业道悉皆解脱。若复行人在于冢间、山间念诵之时，所有飞禽走兽种种之类，游行至彼悉得解脱业报之身生善逝天。若念诵佛顶无垢普门三世如来心陀罗尼八千遍者，火不能烧。若诵百千遍，命终之时被焰魔使以索系颈，牵入焰魔罗界，可破一切地狱，欲生安乐世界随愿往生。若诵百千遍得金色之身相貌圆满，三世如来视如一子。若书写百千本造此百千塔，如法安置庄严炽盛，决定得不退转安住十地。由如于彼九十九百千俱胝那余多殑伽沙等如来所，而种善根获得受记，即说颂曰。

彼一塔中安心明　竖立轮橕著幢帜
同三世佛全身藏　满百千塔此应知

又若于彼一切故塔重加修饰。获不退转当来证得无上正等正觉。利益人天迨及蠕动。功德无量不能称赞。（常盘大定 文）

河北房山

云居寺

房山云居寺以石经闻名。这里的石经在东洋文化史上有着重要意义。现存的不仅有石经，还有与其相关的金石，其研究价值极高。（图2-37）在此先将石经开刻的大概经过叙述一下，然后再说实物。

石经的发愿

北周建德三年（574）武帝在周境内断然废佛。宣政元年（578）破北齐，又在齐境内废佛。其后仅三年，大丞相杨坚接受周的禅让，开创了隋的新纪元，改元开皇（581）。经历了北魏和北周的两次废佛，隋代的佛教徒预计将来可能还会有第三次废佛运动。他们在考虑如何才能完成让佛经流传万世这一重大使命的方法。北周废佛的两年前，北齐的唐邕已经凿窟刻经，以图佛法永存。唐邕说："缣缃有坏，简策非久，金牒难求，皮纸易灭。"这是唐邕在鼓山的石窟刻经的理由。因袭前辙，石上刻字为最好方法。关于石刻的形式，有泰山《金刚经》的溪床刻，鼓山《维摩经》的摩壁刻，风峪《华严经》的柱碑四面刻，宝山《华严经明难品》的立碑四面刻。在这些石刻中能刻完一代经的是调和了柱碑和立碑形式的碑板。房山的石经采用了碑板两面刻的方法。虽然石板的大小长短不一，但却是最为先进的方法。

隋代为了防备灭佛，发大愿刻一代经石并藏于石窟的是静琬或是智苑。云居寺内有静琬法师塔，雷音洞壁上有刻着静琬名字的碑石断片。（图2-38）刻经为了防备灭佛之事（图2-39），在断石上的经后记里记载得很清楚。记录如下：

（前缺）咸闻正道□□□□乃至金刚更□□□
此经，为未来佛□难时，拟充经本。世若有经，愿勿辄开。
贞观八年岁次甲午□月乙卯十五日己（下缺）（常盘大定文）

依据清光绪年间的《顺元府志》和《帝京景物略》记载，摘记如下：

石经，是北齐的南岳慧思大师担忧藏教在东土毁灭，发愿刻石藏密封于岩壑中。座下静琬法师承师嘱，自隋大业至唐贞观，凿成大涅槃经。是夜山吼，生香树三十余株。六月，水浮大木千株至山下，以此构寺，额云居为名。唐明皇第八妹金仙公主对其进行过修缮，洪武二十六年又对其进行过修缮。

山上的雷音洞高丈余，四壁刻经，四柱刻像。前石有扉，以为开闭。几案瓶炉，皆为石造。台上有栏，横亘堂间。堂左有二洞，堂右有三洞，堂下有二洞。

经唐至元均有续刻，经目列于石幢。人们传说，石洞为火龙穿过之处。山下左右为东峪寺、西峪寺。后边的香树林即为香树所生之处。梦堂庵为唐梦堂师的住所，林后是琬公塔。

明万历壬辰年（1592），达观和尚看到像设衰颓、石板残蚀，遂率僧除草，开启石洞，礼拜石经。石下有穴，藏一尺石函，上刻"大隋大业十二年岁次丙子四月丁卯朔八日申戌，于此函内，安置佛舍利三粒，愿住持永劫"三十六字。得小金瓶中舍利，状如黍米紫红，达观师奏报慈圣太后，慈圣太后将其迎入供养，函瓶以金为重层外函，被安置回故处。僧憨山撰《雷音窟舍利记》刻石以记其事。山上有隋碑两块：一为仁寿元年（601）王臣睞之碑，一为仁寿元年王邵之碑。另有唐碑五块：一为开元十年（722）梁高望之碑；一为开元十五年（727）王大悦之碑；一为元和四年（809）刘济之碑；一为景云二年（711）宁思道之碑，一为太极元年（712）王利贞之碑。辽碑两块：一为赵尊（遵之误）仁之碑，一为天庆八年（1118）沙门志才之碑；元碑两块：一为至正元年（1341）票思道之碑，一为至正二年（1342）释法真之碑。山下有庵，曰半山庵。（常盘大定文）

妙法蓮華經序品第一

如是我聞一時佛住王舍城者闍崛山中與大比丘眾萬二千人俱皆是阿羅漢諸漏已盡無復煩惱逮得己利盡諸有結心得自在其名曰阿若憍陳如摩訶迦葉優樓頻螺迦葉伽耶迦葉那提迦葉舍利弗大目揵連摩訶迦旃延阿㝹樓馱劫賓那憍梵波提離婆多畢陵伽婆蹉薄拘羅摩訶拘絺羅難陀孫陀羅難陀富樓那彌多羅尼子須菩提阿難羅睺羅如是眾所知識大阿羅漢等復有學無學二千人俱摩訶波闍波提比丘尼與眷屬六千人俱羅睺羅母耶輸陀羅比丘尼亦與眷屬俱菩薩摩訶薩八萬人皆於阿耨多羅三藐三菩提不退轉皆得陀羅尼樂說辯才轉不退轉法輪供養無量百千諸佛於諸佛所殖眾德本常為諸佛之所稱歎以慈修身善入佛慧通達大智到於彼岸名稱普聞無量世界能度無數百千眾生其名曰文殊師利菩薩觀世音菩薩得大勢菩薩常精進菩薩不休息菩薩寶掌菩薩藥王菩薩勇施菩薩寶月菩薩月光菩薩滿月菩薩大力菩薩無量力菩薩越三界菩薩跋陀婆羅菩薩彌勒菩薩寶積菩薩導師菩薩如是等菩薩摩訶薩八萬人俱爾時釋提桓因與其眷屬二萬天子俱復有名月天子普香天子寶光天子四大天王與其眷屬萬天子俱自在天子大自在天子與其眷屬三萬天子俱娑婆世界主梵天王尸棄大梵光明大梵等與其眷屬萬二千天子俱有八龍王難陀龍王跋難陀龍王娑伽羅龍王和修吉龍王德叉迦龍王阿那婆達多龍王摩那斯龍王優鉢羅龍王等各與若干百千眷屬俱有四緊那羅王法緊那羅王妙法緊那羅王大法緊那羅王持法緊那羅王各與若干百千眷屬俱有四乾闥婆王樂乾闥婆王樂音乾闥婆王美乾闥婆王美音乾闥婆王各與若干百千眷屬俱有四阿修羅王婆稚阿修羅王佉羅騫馱阿修羅王毗摩質多羅阿修羅王羅睺阿修羅王各與若干百千眷屬俱有四迦樓羅王大威德迦樓羅王大身迦樓羅王大滿迦樓羅王如意迦樓羅王各與若干百千眷屬俱韋提希子阿闍世王與若干百千眷屬俱各禮佛足退坐一面爾時世尊四眾圍遶供養恭敬尊重讚歎為諸菩薩說大乘經名無量義教菩薩法佛所護念佛說此經已結跏趺坐入於無量義處三昧身心不動是時天雨曼陀羅華摩訶曼陀羅華曼殊沙華摩訶曼殊沙華而散佛上及諸大眾普佛世界六種震動爾時會中比丘比丘尼優婆塞優婆夷天龍夜叉乾闥婆阿修羅迦樓羅緊那羅摩睺羅伽人非人及諸小王轉輪聖王是諸大眾得未曾有歡喜合掌一心觀佛爾時佛放眉間白毫相光照東方萬八千世界靡不周遍下至

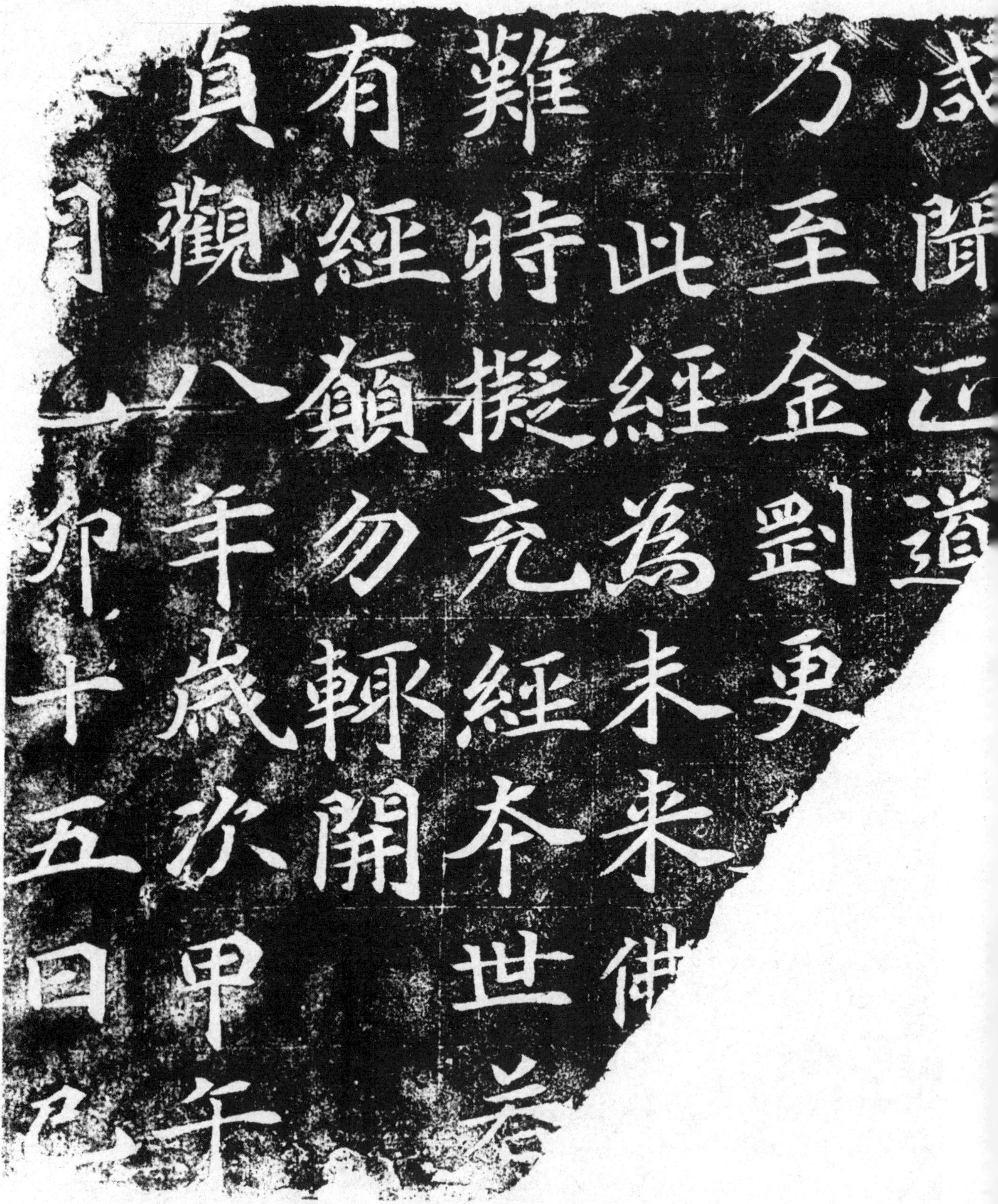

图 2-38·云居寺·小西天·石经附属石刻字拓本
晚清民国时期中国名胜古迹图集·第拾贰卷·河北房山

咸⃞闻⃞
乃⃞
難⃞至⃞
有⃞此⃞
貞⃞觀⃞時⃞正⃞
⃞⃞經⃞金⃞
⃞八⃞頫⃞撥⃞經⃞道⃞
尒⃞年⃞勿⃞充⃞爲⃞劉⃞
十⃞歲⃞輙⃞經⃞未⃞更⃞
五⃞次⃞開⃞夲⃞來⃞
日⃞甲⃞世⃞佛⃞

图 2-39·云居寺·小西天·雷音洞外壁嵌入残石刻字拓本

隋唐的刻经

刻经的发愿、开工、进度、状况及从刻经者的姓名等详细情况，可从辽清宁四年（1058）赵遵仁撰《续镌成四大部经记》及辽天庆七年（1117）志才撰《续秘藏石经塔记》中得知。

原来，为了要将此大业传之万世，辽国上下齐心合力经营，留下此两记以传万世不灭。赵遵仁记中说，最早发现隋唐遗业的是州牧韩绍芳。他偶然来此寺参拜，登临峰顶发现石室藏碑，询问寺中耆秀者，无人知其详。于是取出经碑进行查对，得到经碑一千五百六十条，另外还发现了古碑记。根据这些得知，幽州沙门净琬（志才碑作静琬）于隋大业中发愿造石经一藏以备法灭。他在白带山上开凿石室，内藏石经，满则以石塞户，以铁锢之，其志未竟，于贞观十三年（639）入寂，门人导公继之。导公没，仪公继之。仪公没，暹公继之。暹公没，法公继之。自琬至法，凡五代，其志未绝。其五代人的成就，就是刻成了《正法念经》七十卷（二百二十条）、《大涅槃经》四十卷（一百二十条）、《大华严经》八十卷（二百四十条）、《大般若经》五百二十卷（一千五百六十条）。

《范阳图经》作智泉寺静琬。这大概是把智泉寺的智苑安到了静琬身上。

《畿辅通志》引用《隋图经》："智泉寺僧琬见白带山之石室，遂发心写经十二部刊石为碑。"《隋图经》应即《范阳图经》。把静琬作僧琬，致使其身份越发暧昧不清。

小西天南台有九层小石塔。侧壁刻有唐开元二十八年（740）金仙公主的题铭。由此可知，开元十八年（730），赐新旧译经四千余卷，以充作石经底本，另赐庄园以供山门所用，还可知送经的学者为京城崇福寺的智升等。这实在是贵重的资料，可知隋唐刻经是受朝廷保护的。送四千余卷经书的学者实为《开元释教目录》的智升。

《燕楚游骖录》甲篇房山云居寺条下，引用了唐刘济的《小西天石经记》。其中记载了刘济以俸钱为圣上刊造《大般若经》，元和四年（809）四月功就，封藏于石堂，此为四月八日的记事。由此可知，石经的刊刻至元和四年仍在继续。据刘济所载，此时《大般若经》的刊刻已经完成，但与辽赵遵仁的记述对照，知全经五百二十卷实仍遗有八十卷未完成。如此，隋唐刻经的最长岁月，为自大业十二年至元和四年（616—809）的一百九十三年间，但我想在如此漫长的岁月中，应有间断。

小西天南小石塔题铭

大唐开元十八年，金仙公主为奏圣上，赐大唐新旧译经四千余卷，充幽府范阳县为石经本。又奏，范阳县东南五十里，上坨村赵襄子淀中麦田庄并果园一所。及环山林麓，东接房南岭，南逼他山，西止白带山口，北限大山分水界，并永充供给山门所用。又委禅师玄法，岁岁通转一切经，上延宝历、永福慈王，下引怀生，同攀觉树。粤开元廿八年庚辰岁朱明八日。前莫州吏部常选王守泰记山顶石浮屠后。

送经京崇福寺沙门智升

检校送经临坛大德沙门秀璋

都检校禅师沙门玄法

同前系

独树村　摩碑寺

东至到　南至河

西至河　北至他山

四至分明，永泰无穷（常盘大定 文）

辽代的续刻

其后继造者无人，石经完全为世人遗忘。但根据赵遵仁《续镌成四大部经记》记载，经过了三百年，至辽太平七年（1027）有了韩绍芳的发现，立即上奏圣宗。圣宗委托瑜伽大师可玄，用普度坛的利钱，远继净琬遗志。兴宗继其后，更拿出御府之钱，继续刊刻。太平七年至清宁三年（1027—1057）间续雕完成了《大般若经》八十卷（二百四十条），还镌造了《大宝积经》一百二十卷（石三百六十条）。至此，与隋唐时代的刻经合计共得经一千零一十卷，二千七百三十条，藏于东峰七室。东峰通称小西天。清宁四年（1058），东峰立了赵遵仁的四大部经成就记碑，以欢庆此大业及护持方法的完成。

根据志才的《续秘藏记》可知其后状况。根据记文，辽代留公法师上奏，圣宗出愿继隋唐的遗业之举，兴宗继之。根据相国杨公、梁公之奏，道宗又继续进行。至此造经四十七帙，与以前的刻石共计完成刻经一百八十七帙，但还没有达到大藏的一半。

赵记将辽代最早的刻经者记为可玄而没说留公。志才说到留公而没有提及可玄。其间关系难以知晓。仅从这两则碑记，只能推断为同道者。

另外，很难知晓将四十七帙与前石合计为一百八十七帙是出于什么理由。前刻石经，对照《开元录》，为一百零一帙，加上四十七帙，只有一百四十八帙。笔者由此推定，道宗时在这四十七帙之外，还刻成了三十九帙。雷音洞中保存的《法华经》，既不在以前一百零一帙中，也不在后刻的四十七帙中。而刻石现存，何时何人所镌刻呢？如果不假设除志才记述以外还有三十九帙，就不能说明眼前的事实。

如此，有上人通理大师继其后，募钱得万余锱，交其门人通慧圆照大师善定，在碑板两面刻经，至大安九年到十年（1093—1094），刻成碑板四千零八十片、经四十四帙，而钱已用尽。另有门人善锐与善定共同商议，募钱于天庆七年（1117）在寺西南角穿地为穴，将道宗所刻大碑一百八十片和通理大师所刻小碑四千零八十片埋藏在内。其上筑为台砌，建石塔一座。

这四千零八十片小碑和一百八十片大碑上所刻的经目，很幸运地被列刻在志才撰的《石经塔记》中。将一百八十片大碑上所刻经目与《开元录》对照，可以算出为十七帙多，权当十八帙。

云居寺南塔通称压经塔。塔下有志才撰《续秘藏石经塔记》幢。志才记中有"在所埋藏的石经之上建石塔一座"的记载，石塔，即应为这座砖塔。塔下草丛中有一小碑，上刻明万历十五年（1587）县衙告示。刻文是对寺僧发掘石经，贪图渔利的行为表示痛心，并严禁再犯。由此可知，塔下埋藏着很多石经。压经塔因此得名。

明碑刻文如下。

房山县奉

巡关察院明文

照得西岭塔下，有石刻藏经，被住持僧人，擅发渔利，深可痛恨。除究革外，仍委房山县典史督，用砖石修砌，永不许开发以致损坏。违者该县严行究处，勿得宽纵。故兹刻石禁示。

万历十五年四月二十六日　奉立（常盘大定 文）

房山石经的成就

对上述内容的概括，呈现出如下成就。

清宁三年以前　一百八十七帙——二千七百三十条
道宗所刻　　　十八帙（？）——大碑　一百八十片
大安十年刻成　四十四帙——大碑四千零八十片
合计　　　　　二百四十九帙

这样，刻经的时间，从大业年间（616）到大安十年（1094），为期四百七十八年以上。其间，看实地刻经的时间，隋唐的刻经为一百二十五年以上，辽代的续刻为六十七年，前后合计实际长达一百九十二年以上。志才幢上所刻《续记》是在天庆七年（1117），其后仅过七年，辽亡，因此无人再继续，甚至无人计划继续进行此事。历时如此漫长岁月，积几代人辛苦，《大藏经》镌刻过半，虽然停止了镌刻，但石刻《大藏经》，若非中国这样的大国，是绝对做不到的。而对于中国，这也是一件值得一提的文明史上的大事。

反过来看木雕《大藏经》，经历宋太祖、太宗两代，从开宝四年至太平兴国八年（971—983）费时十二年完成。这实际上是历史上最早出现的大藏开雕。太平兴国八年，辽圣宗即位，其后费时四十七年，开始了辽石经的续刻。这些石经，大概没有受到宋木雕大藏的影响，而是根据与之独立的写经照抄刻到石头上去的。不要说辽刻，就是隋唐的四大部经及《正法念经》，也都依据的是宋大藏以前的写经，因此，如果能将全部刻经制成拓本，一定会对研究大有帮助。（常盘大定 文）

石经附记

辽代以后，石经的发愿者被说成是净琬或静琬。然而在最早记载石经事实的书，唐临的《冥报记》中，却记为智苑。唐临在贞观十九年（645）陪车驾到过幽州。《冥报记》中记载了幽州智苑，为备法灭，于隋大业中发愿镌刻石经。当时，有炀帝的皇后及内史侍郎萧瑀的施舍，用以刻成七室的石经，并有奇兆。在岩前建起了木佛堂、食堂、寝室。还记载了智苑于贞观十三年（639）入寂等事。前述赵遵仁的辽碑中所记有关静琬事迹，在唐临记中原封不动地成了智苑事迹。而唐临是在智苑入寂仅六年后，陪同皇帝来到智苑从事大业的幽州的。唐临的这段记载，应为在幽州当地的见闻。如此，石经的发愿者智苑，与赵遵仁根据古记所知的静琬，应为同一个人才是。如果不是同一个人，智苑为正。那么其是什么原因变为静琬了呢？辽王正在《重修云居寺碑》中称，以云居寺的静琬为发愿者，说其后经道邈传到智苑。此为明显谬误。《帝京景物略》中载，北齐的南岳慧思大师，忧虑东土教藏毁灭，发愿刻石藏，嘱咐座下静琬起工，还记载在至唐贞观《大涅槃经》刻成之夜，有风雨，大木千株漂至山下，不可思议地构建了云居寺。如此大业是受到北周废佛事件直接刺激的结果。但在此之前大概就有所预感，是为废佛数年前就到南岳的慧思发愿的原因。慧思的护法之心确实非常强烈。而云居寺的创建是在唐初，唐以后的文献中虽可见云居寺的名字，但其之前隋的记载中所见到的是智泉寺的名字。大概唐代的白带山下曾有智泉、云居两寺吧。《帝京景物略》中载，山下左右有东峪寺、西峪寺，西峪寺后有香树林，林后有琬公塔。西峪寺即云居寺。

寺有智泉、云居二座，人物为智苑、静琬二人，由二者的离合，演绎出了各种记载。《范阳图经》载"智泉寺僧静琬"，《畿辅通志》载"智泉寺僧琬"。（常盘大定 文）

云居寺位于石经山西峪，又名西峪寺。（图2-40）位于房山西南约五十里处。面东，背负巍峨高山。屹立在其东方的即石经山，又称白带山，俗称小西天。因山上有石经洞，也称石经山。

云居寺前有一溪流，其两岸柏树、桦树，葱郁成行。石桥架溪。过溪有三间门，上挂"西域云居禅寺"匾额。门内有三间木牌楼。其后有佛殿。殿前左右，有钟楼、鼓楼。佛殿上挂"慧海智珠"匾额。为七间五面的单檐大殿。殿前有三间礼堂。其前左右有老柏树，粗两围。殿后有康熙碑、石幢。以佛殿为中心，

很多堂宇、僧房鳞次栉比，不知其有几十间。规模甚是宏大。然而建筑构造手法都过于简单，作为建筑，不足为观。寺西北地势较高处，有北塔，西南有南塔，其下的石塔、石幢之类，皆唐辽间遗物，堪称杰作。

《畿辅通志》称云居寺有二，均在房山。一在石经山东峪，额为东域云居寺。一在石经山的西峪，额为西域云居寺。北方人"域"、"峪"二字发音相同，故将"峪"误作"域"字。东峪寺今不存。（关野贞 文）

图 2-40 · 云居寺远景

南塔（压经塔）

　　南塔塔身十一层，矗立在边长五十二尺五寸五分的方坛上。其平面为八角形，高耸于八角基坛之上。基坛各面宽十三尺八寸五分。无二层。各面设二佛龛。上层用斗拱托起栏杆。皆砖筑，技工颇富丽。塔身初层在莲花座上，各面宽十一尺二寸五分。四面开拱门，四角壁上做棂窗形。角上做圆柱，以斗拱承托塔檐。檐上悬挂着很多风铎。第二层以上，塔身骤变低矮，用四重棚架承托檐枋，各层皆同。只是向上尺寸递减，给人以安定感。各层屋顶皆葺以瓦。这种砖塔虽然规模未必很大，但因建于辽天庆七年（1117），年代准确之处，可做衡量其他古迹的标准，可谓贵重遗构。

　　塔前面中央位置有八角幢，作三层佛龛，应为辽代遗物。右侧有唐代石幢，上边四面刻有罗汉立像。左侧有辽代的续秘藏石经塔，详记南塔的年代和辽代刻经的由来，为珍贵标本。（图2-41、图2-42）

　　《游房山日记》中称此塔为"藏经塔"，而僧人称之为"压经塔"。（关野贞）

图 2-41 · 云居寺 · 南塔（压经塔）

图 2-42 云居寺·南塔部分

北塔（红塔）

　　此塔现位于云居寺西北约举步之遥的高处，是座立于基坛之上的砖筑重檐塔，第二层之上有大窣塔婆风格的大相轮。这种特殊构造他处难见。其细部样式与南塔有相似的地方，应也为辽代所建。塔建在东西宽五十六尺八寸、南北宽五十六尺三寸的方坛上。坛之四角，现立有唐代七重小石塔。

　　塔立于八角形的两层基坛之上，各面各穿凿三个佛龛，上边以斗拱承托第一层塔身。其构造及装饰的华丽虽与南塔相似，但栏杆已不存。第一层塔身直接立于第二层基坛之上，平面也为八角形，每面宽十四尺一寸。四面开半圆形拱门，四角的壁上做出棂子窗形。正面的门洞开，其他三面的门封死，只作门扉形状。由此可以看出当时门扉的做法。壁上部用斗拱支撑塔檐，屋檐葺瓦。第二层塔身的构造手法与第一层相同。其屋顶之上筑有窣塔婆式的大相轮。

　　此大相轮与普通相轮不同，规模颇大。第二层的塔檐之上，筑八角形基坛，各面各穿凿两佛龛，其上置三重八角露盘，再上承载着印度风格窣塔婆式上下截开的球体。浑圆的球体由中央界线分为两重，其上再设八角形座，作八层轮形。其上承载铎状物，顶部再置小露盘覆钵莲座宝珠。塔身的第二层比第一层略有收减，特别是大相轮，向上收缩较大，给人以相对的稳定感。此塔为二层，二层之上筑有高高的大相轮，为少见特殊样式。（图2-43、图2-44）（关野贞 文）

图 2-43 · 云居寺 · 北塔（红塔）

图 2-44 云居寺・北塔局部

静琬法师塔

　　云居寺开山静琬法师塔距香树庵之北约数步之遥，东望石经山（小西天）屹立，为立于两重基坛上的八角三层石塔。基坛下部方形，上部八角形。第一层塔身明显较高，各角作八角形柱，正面刻"开山琬公之塔"六字。其上是仿刻三层葺瓦塔檐和较低的二层塔身，只有第一层刻有斗拱。塔顶作露盘受花覆钵轮形及三重宝珠。通高约十八尺。从其形态看，各部分比例欠佳，亦缺乏洗练之美，大概属于唐末宋初之际的建筑。（图2-45）（关野贞 文）

图 2-45 · 云居寺 · 静琬法师塔

小西天 ｜ 唐刻经碑

　　小西天钟楼之北并立着两块唐碑，刻的都是《佛说金刚般若波罗蜜经》。甲碑螭首中刻三尊佛龛，右旁题刻"清信女宋小儿敬造上"，左旁题刻"金轮圣神皇帝及师僧父母"。乙碑螭首中刻一佛龛，右旁题刻"朝议郎行州范阳县令平"，左旁题刻"舆晁开国子表敬经之碑供养"，碑阴的螭首内刻三尊佛。二碑螭首都雄丽美观。因有则天武后所制的新字，应为武后时所建。（图2-46）（关野贞 文）

图 2-46 · 云居寺 · 小西天 · 唐刻经碑

小西天 ｜ 续镌成四大部经记碑

此碑在上述两碑后方。其形式简单，只是碑顶作成裤腰形，上题"四大部经成就碑记"。(图2-47) 碑文如下：

涿州白带山云居寺东峰续镌成四大部经记

殿试进士赵遵仁

乡贡进士王诠书

盖闻严相好，具慈悲，师天人出生死者，诸佛之愿力也。开群迷，入圣道，薰种性，达因缘者，诸法之功德也。佛之愿力即如彼，法之功德又若此。佛法之道大矣哉。然则三身应现，资化以谈其真。三学对明，惟经以标其右。为圣凡之宗要，济像末之根本。有缘斯格，无福靡臻。是以周兆不祥，化身以之西灭。汉警宵梦，像教由是东来。遂得贝籍灵文，时臻于近代。就唐译梵，岁出于诸家。释教流通，自兹寝盛。若乃一轴一藏，半偈半言。或摸以香檀，或书之缃绢。尚能蠲见苦而涤宿业，缔上缘而成妙果。利益广大，思议其难。矧有勒石传文，凿山开室，录宝轴之妙说，藏金石之微言。水火不可漂烧，风雨不可渍坏。以备凌灭，传之无穷。寔所谓施最上法，尽未来际者也。燕都之有五郡，民最饶者，涿郡首焉。涿郡之有七寺，境最盛者，云居占焉。寺自隋朝所建，号自唐朝所赐。山在郡之西北五十里，寺在山之阳掌。寺之东望，有峰最高，故曰东峰。峰顶上有石室七焉，经伫是室。先自我朝太平七年，会故枢密直学士韩公讳绍芳，知牧是州。因从政之暇，命从者游是山。诣是寺，陟是峰，暨观游间，乃见石室内经碑且多，依然藏伫。遂召当寺耆秀，询以初迹。代去时移，细无知者。既而于石室间，取出经碑。验名对数，得正法念经一部，全七十卷，计碑二百一十条。大涅槃经一部，全四十卷，计碑一百二十条。大花（译者注：应为"华"）严经一部，全八十卷，计碑二百四十条。大般若经五百二十卷，计碑一千五百六十条。又于左右别得古记。云：幽州沙门释净琬，精有学识。于隋大业中，发心造经石一藏，以备法灭。遂于幽州西南白带山上，凿为石室，以石勒经，藏诸室内。满即用石塞户，以铁锢之。其后虽成其志，未满其愿。以唐贞观十三年，奄化归真。门人导公继焉。导公没，有仪公继焉。仪公没，有暹公继焉。暹公没，有法公继焉。自琬至法，凡五代焉，不绝其志。乃知自唐以降，不闻继造。佛之言教，将见其废耶。公一省其事，谓然有复兴之叹。以具上事奏于天朝。我圣宗皇帝，锐志武功，留心释典。暨闻来奏，深快宸衷。乃委故瑜伽大师法讳可玄，提点镌修。勘讹刊谬，补缺续新。释文坠而复兴，楚匠废而复作。琬师之志，因此继焉。迨及我兴宗皇帝之绍位也，孝敬恒专，真空凤悟。菲饮食致丰于庙荐，贱珠玉惟重其法宝。常念经碑数广，匠役程遥。藉檀施则岁久难为，费常住则力乏焉办。重熙七年，于是出御府钱，委官吏伫之。岁析轻利，俾供书经镌碑之价。仍委郡牧，相丞提点。自兹无分费常住，无告藉檀施。以时系年，不暇镌勒。自太平七年至清宁三年，中间续镌造到大般若经八十卷，计碑二百四十条。以全其部也。又镌写到大宝经一部，全一百二十卷，计碑三百六十条。以成四大部数也。都揔合经碑，二千七百三十条。若夫摄九类四生，归真寂无余者，莫尊于大涅盘。大乘顿教，方广真筌。一句之内包法界，一毛之中安刹土者，莫出于大花严，破有归无，泯相逐性，作众经之轨为诸法之玄宗者，莫归于大般若。求佛智见，入佛境界，断缠缚之爱心，去执着之妄想者，莫如于大宝积。如是经典，镌之以石，藏之以山。四部必备，壮矣哉。亦释门中天禄石渠也。噫竹轧殁而佛声寝，灵山坏而法不作。后数百年，炽然兴者，岂非时有遇，而教有缘乎。清宁三年五月十二日，大宝积初成。郡守萧公讳惟平，天子股肱，法门墙堑。下车之后。以六条布政，副圣上之倚毗。退公之余，惟三宝留诚，禀如来之付嘱。欣其遭遇，寔谓寅缘。乃请招余，谓曰：四大部经，今续镌毕。见闻之下，幸会攸难。愿制好辞，以为刊记。余弓裘未袭，苦块居忧。又以先父前剌是郡，亦于经事私积愿诚。周任未迁，遽嗟奄逝。敢以顺先父之愿，遵良牧之请。冈愧屪芜，直以为记。大契丹清宁四年三月一日记。

安国军节度邢洺磁等州观察处置等使崇禄大夫捡校太师左金吾卫上将军使持节刑州诸军事

刑州史知涿州军州事兼管内巡捡安抚屯田劝农等使兼御史大夫上柱国兰陵郡开国公食邑

三千二百户食实封参伯贰拾户萧惟平

漆水郡夫人耶律氏

西头供奉官银青崇禄大夫捡校国子祭酒兼监察御史云骑尉男佶

司徒娘子耶律氏

女子娘子三宝奴　孙女兴哥 (常盘大定文)

南塔下 ｜ 续秘藏石经塔

此塔为辽天庆八年（1118）建，题曰：大辽涿州涿鹿山云居寺续秘藏石经塔记，沙门志才撰。立于八角基坛之上的八角七层石塔，其基坛上刻有瑞兽、神仙、飞天、迦陵频伽及莲花，颇富丽。基坛之上有丰肥的莲花座，以承载幢形八角塔身。塔身之上重叠着七重屋檐承托四重莲座，但宝珠今不存。此石塔雕饰丰美，技巧也很精练，作为辽代作品，实为罕见。（图2-48、图2-49）塔记如下：

大辽涿州涿鹿山云居寺续秘藏石经塔记
芯题沙门志才撰

古之碑者，用木为之。乃葬祭缞聘之际，所植一大木。而字从石者，取其坚而久也。后人铭功其上，不忍去之。自秦汉已降，生而有功德政事者，亦碑之。欲图不朽，易之以石。虽失其本，从来所尚，不可废焉。噫秦焚书后，圣人经典，多刻真石，亦类碑而已矣。且浮图经教来自西国，梵文贝叶。此译华言，尽书竹帛。或邪见而毁灭，或瀑水而漂溺。或兵火而焚热，或时久而蠹烂。孰更印度求请与。由是教坏理隐，行匠果丧，群生蠢蠢，尽陷苦途，实可悲夫。有隋沙门静琬，深虑此事，励志发愿。于大业年中，至涿鹿山。以大藏经，刻于贞珉，藏诸山窦。大愿不终而掩化，门人导公、仪公、暹公、法公，师资相踵。五代造经，亦未满师愿。

至大辽留公法师奏闻圣宗皇帝。赐普度坛利钱，续而又造。次兴宗皇帝，赐钱又造。相国杨公遵勖，梁公颖，奏闻道宗皇帝。赐钱造经，四十七帙。通前上石，共计一百八十七帙。已厝东峰七石室内。见今大藏，仍未及半。有故上人通理大师。缁林秀出，名实俱高。教风一扇，草偃八宏。其余德业，俱载宝峰本寺遗行碑中。师因游兹山，寓宿其寺。嘅石经未圆，有续造之念。兴无缘慈，为不请友。至大安九年正月一日，遂于兹寺，开放戒坛。仕庶道俗，入山受戒，叵以数知。海会之众，孰敢评之，师之化缘，寔亦次之。方尽暮春，始得终罢。所获施钱，乃万余镪。付门人见右街僧录通慧圆照大师善定。校勘刻石，石类印板。背面俱用，镌经两纸。至大安十年，已费尽，功且权止。碑四千八十片，经四十四帙。题名目录，具列如左。未知后代更继之。又有门人，讲经沙门善锐，念先师遗风不能续扇。经碑未藏，或有残坏。遂与定师，共议募功。至天庆七年，于寺内西南隅，穿地为穴。道宗皇帝所办石经大碑，一百八十片。通理大师所办石经小碑，四千八十片。皆藏瘗地穴之内。上筑台砌，砥建石塔一座。刻文标记，知经所在。昔苏州重玄寺法华院石壁经，请白乐天撰碑。有水火不能烧漂，风日不能摇消等文。乃国手大才，今命予作记。□合抱惭阁笔，奈是善缘，勉而直书。

通理大师所办，石经小碑，四千八十片，经四十四帙。大佛顶如来密因修证了义诸菩萨万行首楞严经十卷，诗一帙　菩萨地持经十卷，贤一帙　菩萨善戒经九卷，净业障经一卷，剋一帙　优婆塞戒经七卷，梵网经二卷受十□戒经一卷，念一帙　菩萨璎珞本业经二卷，佛藏经四卷，菩萨善戒经一卷，作一帙　菩萨内戒经一卷，优婆塞五戒威仪经一卷，大乘三聚忏悔经一卷，菩萨五法忏悔文一卷，菩萨藏经一卷，三曼飏陀罗菩萨经一卷，菩萨受斋经一卷，舍利弗悔过经一卷，文殊悔过经一卷，法律三昧经一卷，十善业道经一卷，圣一帙　大智度论一百卷，十帙德、建、名、立、形、端、表、正、空、谷，十地经论十二卷，传一帙　弥勒菩萨所门经论五卷，大乘宝积经论四卷，宝髻菩萨四法经论一卷，声一帙　佛地经论七卷，金刚般若论二卷，虚一帙　金刚般若波罗蜜经，破取著不坏假名论二卷，文殊师利菩萨问菩提经论二卷，堂一帙　胜思惟梵天所问经论四卷，涅槃论一卷，涅槃经本有今无偈论一卷，遗教经论一卷，三具定经论一卷，无量寿经论一卷，转法轮经论一卷，习一帙瑜伽师地论一百卷，十帙听、祸、因、恶、积、福、缘、善、庆、尺显扬圣教论二十卷，莹、非二帙

瑜伽师地论释一卷，显扬圣教论颂一卷，王法正理论一卷，大乘阿毗达磨集论七卷，宝一帙　大乘阿毗达磨杂集论十六卷，中论四卷，寸、阴二帙　般若灯论释十五卷，十二门论一卷，十八空论一卷，百论二卷，广百论本一卷，是、竞二帙　大乘广百释论十卷，资一帙　成唯识论十卷，尽一帙　大丈夫论二卷，入大乘论二卷，大乘掌珍论二卷，大乘五蕴论一卷，大乘广五蕴论一卷，大乘起信论一卷，宝行王正论一卷，命一帙　摩诃衍论十卷，宁一帙　大乘本生心地观经八卷，壁一帙大乘理趣六波罗蜜经十卷，杜一帙　道宗皇帝所办石经，大碑一百八十片。十住断结经碑，五片　花手经碑，二十五片　佛明经碑，二十片　大威德陀罗尼经碑，二十八片　摩诃摩耶经碑，一片　菩萨璎珞经碑一十一片　大法炬陀罗尼经碑，三十片　五千五百佛名经碑一十三片　不空罥索神变真言经碑七片　贤劫经碑一十八片　入法界体性经碑一片　须真天子经碑一片　佛说德护长者经碑二片　超日明三昧经碑五片　佛说浴像功德经碑一片

未曾有因缘经碑二片　不思议功德诸佛所护念经碑三片　佛说成具光明定意经碑一片　佛说妙法决定业障经碑一片　佛说宝网经碑一片　过去庄严劫千佛名经碑一片　未来星宿劫千佛名经碑一片　见在贤劫千佛名经碑二片

天庆八年戊戌朔五月戊午十七日戊戌甲寅时建。燕台沙门惟和书

夫见古之墓圹得铭石者，其石温润，其字分朗。今经碑，穿地穴秘藏者，取久固不毁者也。沙门志德镌

当寺首座沙门志珂　寺主讲论沙门志憨
尚座讲经沙门善相　都和讲经沙门志兴（关野贞文）

晚清民国时期中国名胜古迹图集·第拾贰卷·河北房山

图 2-49 · 云居寺 · 南塔下 · 续秘藏石经塔局部

小西天

　　石经山又称小西天（图2-50），是屹立在云居寺东北的一座峻峭山峰。山石为大理石，山腰以上以自然山岩开凿磴道，其长凡几百级。在近山顶断崖处，通过狭窄的小路，有凿开的洞穴，设扶栏。先进正门，右边有一僧房，颇废颓。由此僧房向西进小门，有断崖覆盖其上，下通一条狭窄小路。断崖上有一石洞，用坚固的石门封闭，里面乱堆着很多经石，暂且称为第一洞。继续前行左有钟楼，钟上刻有梵字，不知是否为辽金遗物。钟楼北边有两方唐碑，其后有辽代续镌成四大部经记碑。右边有一洞，亦用石门封闭，暂且称之为第二洞。左边有台阶数级，右边壁上刻有"宝藏"之额，为董其昌所书。（图2-51）拾阶而上，台阶尽头处右边有石经洞（雷音洞），称之为第三洞。洞前，由石壁作出宽约十尺的护檐，前面有扶栏，下临数十百尺深的断崖。

　　由此雷音洞再向西走，崖腹上有石洞，也用石门封闭，内部经石乱堆，一如前洞，称之为第四洞。洞前小路，宽五至七尺，并设有扶栏。接下来是唐僧殿，安置着玄奘坐像，左右置猿、猪、马及马夫像。洞前后宽约八尺。这些像都是后世之物，拙陋不足为观。后面还有石洞，亦以石门封闭，称之为第五洞。断崖的窄路到此终止。

　　再从开始提到的僧房前向东走，有两口大井，都直径丈许，穿岩而造。再向前有两石洞，洞内也藏石经，被称之为第六洞、第七洞。其前有八角亭，眺望甚宏阔。

　　山顶有五台，各台各有一石塔。关野贞只看了南顶的九层石塔及中顶的单层石塔。（图2-52、图2-53、图2-54）（关野贞 文）

图 2-52・云居寺・石经山远景

图 2-50·云居寺·小西天·石经山全景

图 2-51 · 云居寺 · 雷音洞壁碑

图2-53·云居寺·小西天·第三洞附近

图2-54·云居寺·小西天·第一洞附近

小西天 | 雷音洞

雷音洞的平面近似一不规则方形。前面宽三十三尺五寸，左壁宽三十七尺，右壁宽二十七尺五寸，后壁宽二十五尺四寸。天井高十尺左右，洞内立四根八角柱以支撑天井。柱上各面刻两行佛龛，两行上下共十六龛，各龛刻有佛名。柱头作八角宝盖状，柱下作出馒头状柱基。(图2-55)

在洞的四壁，嵌插经石，毫无间隙。东壁两层各十九石，北壁三层各十三石。西壁、南壁大体相同。经石配置有些不规则，为权益配列。各层之上，为了挡尘，造了小盖。地面上铺了大小不同的长方形大理石，前面中央设有入口，左右开棂子窗。(图2-56、图2-57、图2-58) (关野贞 文)

八角柱的佛龛里雕刻的是贤劫千佛中的诸佛像，旁边有佛名，如明炎、牟尼妙华、华氏……众炎、善明、无忧提沙……得相、罗睺、众主梵声……大威得梵王、无量明、龙德等。这些都是阙译人名《贤劫千佛名经》中最前面一百佛中的佛名。还刻有□德寂灭意香象，也是同经第三百佛中的佛名。

洞中所配列的经石，据《帝京景物略》《石经山访碑记》及《畿辅碑目》记载，有《妙法莲华经》七十七石(或七十六石)，《维摩经》三十三石(或三十石)，《无量义经》九石(或十石)，《金刚般若经》六石(或四石)，《贤劫千佛名经》五石，《大方广善巧方便经》四石(或四长石)，《教戒经》三石，《兜率经》四石(或二石)，《八戒斋经》二石，《洗浴经》二石，《大王观音经》一石(或二石)，愿生偈一石。将其与赵遵仁及志才的记文对照，在以上经中，《贤劫千佛名经》的经目见于道宗所刻经中，但其他均为记录中未见的诸经。另外，《芯题上方山游记》中称，在石经洞右边的第一洞中，有恒水流树等经。右边第二洞中，有《陀罗尼集经》等经。在左边第一洞中，有令生欢喜名无垢等经。左边第二洞中，有《璎珞经》等经。在下石井左边第一洞中，有《金刚般若经》等经。石井左边的第二洞中，有摩诃般若等经。下伽蓝殿右边第一洞中，有普超三昧等经。下伽蓝殿右边第二洞中，有千手千眼观世音菩萨大圆满无碍心陀罗尼等经。这些经中，只有《璎珞经》见于道宗所刻经中，其他经都不见记载。另外，《畿辅碑目》《续寰宇访碑录》称，孔雀洞的《佛

图2-55·云居寺东峰石经洞平面图

本行经》为唐元和十四年（819）刘总所造。前述的《兜率天经》为高丽僧达收所书。是等诸经的刻经年代，没有可作参照的材料，大致是在刘济元和四年（809）刊造《大般若经》之后所为。因有元和十四年刘总刊造的《本行集经》，更可增强这一推想的可信度。大概当时还在继续刊造，直到会昌五年（845）才长期停下来。倘若如此推断无误，隋唐的刊经，实际上从大业十二年至会昌五年（616—845），绵延了二百二十九年。

在这些前人的调查记录中，有藏经目录里见不到的经名。《大方广善巧方便经》或为《大方便报恩经》；《教戒经》为《善戒经》；《兜率经》为《观弥勒菩萨上生兜率天经》；《八戒斋经》为《八关斋经》；《大王观音经》为《高王观世音经》；《恒水流树经》为《恒水流摄经》。因笔者自己未加研究，故难以确定。（常盘大定 文）

图2-56·云居寺·小西天·第三窟（雷音洞）内部石经

图 2-57 · 云居寺 · 小西天 · 雷音洞 · 石经

图 2-58・云居寺・小西天・雷音洞・千佛石柱

静琬法师塔 | 西北小塔

琬公塔西北有一小方塔。大概与北塔四角上的唐代小石塔样式相同，但今仅存第一层盖以下部分。其上部的八角盖及露盘是后世从其他地方运来安放上去的。

塔身稍高，南面开入口其上冠以莲花拱。内部后壁上阳刻着三尊佛像。本尊在台座上，衣裙遮蔽台座的前面。三尊佛的后面都刻有背光。此塔与北塔四角之塔，不仅年代相近，技法也类似。佛菩萨的姿势、面相均颇为优雅，手法亦美，可视为唐代的杰作。（图2-59）（关野贞 文）

北塔四隅 | 小石塔

云居寺北塔坛上四角各立白色大理石小塔。因《长安客话》有"有云居寺，亦静琬所刱，墀中列唐人建石浮屠四"的记载，笔者认为这些小塔原在佛殿前殿的前院，后来被移至此处。（关野贞 文）

图 2-59 · 云居寺 · 静琬法师塔 · 西北小塔

北塔东南｜小塔

此小塔为七层方塔，初层方三尺八寸，用大理石筑成。塔身初层较高，第二层以上较低，而且依层递减。塔檐也层层如此，像是西安荐福寺的小雁塔，作炮弹状轮廓，上面冠以宝珠。初层南面开入口，其上作莲花拱，左右仁王为高肉雕，手法甚雄浑。

内部后壁刻三尊佛，本尊在须弥座上，左右两胁在莲花座上，身后皆负宝珠形背光。姿势整齐，面相丰润，为最佳之作。与西安宝庆寺的唐代佛像的技巧、特点颇为相似。（图2-60）

西面有《大唐易州石亭府左果毅都尉蓟县田义起石浮屠颂》。唐太极元年（712）四月八日造，和州历阳丞王利贞撰文。（图2-61、图2-62）（关野贞 文）

图 2-60·云居寺·北塔东南·小塔内三尊佛像

图 2-61・云居寺・北塔东南・小塔

图 2-62·云居寺·北塔东南·小塔局部

北塔东北 | 小塔

　　此小塔是与前者样式相同的七层石塔。初层方四尺一寸六分。入口上冠莲花拱，左右作高肉雕的神将力士像，技巧亦雄丽。内部后壁阳刻三尊佛（图2-63），在一茎三枝的莲花上，背光特别精丽，刻有羊首、龙首，上面现出五化佛。本尊菩萨的面相姿势及衣纹的手法，尤为优丽。另外，左壁（西）立有六侍者，右壁（东）立有四侍女，亦为体现当时风俗的佳作。塔外壁有《大唐易州新安府折冲李公石浮屠之铭》。唐开元十年（722）四月八日建，易州前遂城县书助教梁高望书。（图2-64、图2-65）（关野贞 文）

图 2-63·云居寺·北塔东北·小塔内三尊佛像

图2-64·云居寺·北塔东北·小塔

图 2-65·云居寺·北塔东北·小塔局部

北塔西南 小塔

此塔也为七层石塔。初层方三尺二寸五分,样式与东南小塔完全相同。入口左刻神将,右刻力士。内部后壁有三尊佛的雕刻。本尊在八角台座上,腰部似稍长,与胁侍菩萨一道显现出非常优美的气韵。外壁刻有《大唐云居寺石浮屠铭(并序)》。唐开元十五年岁次单阏仲春八日建,太原王悦撰。(图2-66)(关野贞 文)

北塔西北 小塔

此塔是与其他塔样式相同的小石塔。初层方三尺五寸五分。外壁刻有甯志道所书《石浮屠铭(并序)》。唐景云二年(711)岁次辛亥夏四月八日建。(关野贞 文)

图 2-66 · 云居寺 · 北塔西南 · 小塔细节

小西天中台 ｜ 小石塔

　　此塔为单层方塔。正面入口上冠莲花拱。左右有高肉雕的二神将，颇雄丽。塔檐用二重垂木，塔顶为宝形造，模刻瓦形，顶载宝珠露盘。正面右上部，刻有唐乾宁五年（898）游观者的题名。正面虽有刻字的痕迹，或为当初即已磨灭，难以辨读。（图2-67）（关野贞 文）

图 2-67・云居寺・小西天中台・小石塔

小西天南台 | 小石塔

石经山南顶有九层小石塔。初层方三尺四寸五分，与云居寺北塔下的七层石塔样式几乎相同。正面入口上作莲花拱，左右为高肉雕仁王像。塔整体轮廓呈炮弹形。内部台座上安置有极美的佛像，台座上刻云纹。台座下有两卧狮，面向正面。这些佛像姿势优美，衣纹优雅，刻工洗练，为唐代佳作。可惜的是，头部已遭破坏。侧壁上，有唐开元二十八年（740）金仙长公主的刻铭，王守恭书。这则刻铭前面已经录出。（图2-68、图2-69）（关野贞 文）

图 2-68 · 云居寺 · 小西天南台 · 小石塔

图 2-69・云居寺・小西天南台・小石塔局部

易州铁佛像颂碑

此颂碑在易州，唐开元二十七年（739）建，崇文馆校书郎王端撰文。

根据刻文可知，铁像为易州太守卢晖所立。卢晖为当年有为官吏，在各地进行建设。守易州时进行的建设被特别列记在碑末，如移军高阳军营、设邑置三县、每驿站旁造店一百家、抱阳寺造长廊一百三十间、为革害兴利，开北山通车道三所、造水碾四所。这些工程中功劳最大的就是铸成了这尊铁像。为应乡老数百人的请求，卢晖请五台沙门大端主持此事。他很能聚集众心，使铁像得以完成。卢晖在铁像打磨没有完全结束时官迁瀛州，其后任刺史田琬接续此事，相当出色地装饰完成了铁像。完成如此大业，是因为卢晖得人心。从此举足可见其政事如何。一年后，使臣将卢晖之善政报奏朝廷，朝廷为此赐其束帛。建碑实际是为赞颂卢晖之德，所以铁佛像颂大体可算作是卢太守颂。(图 2-70)（常盘大定 文）

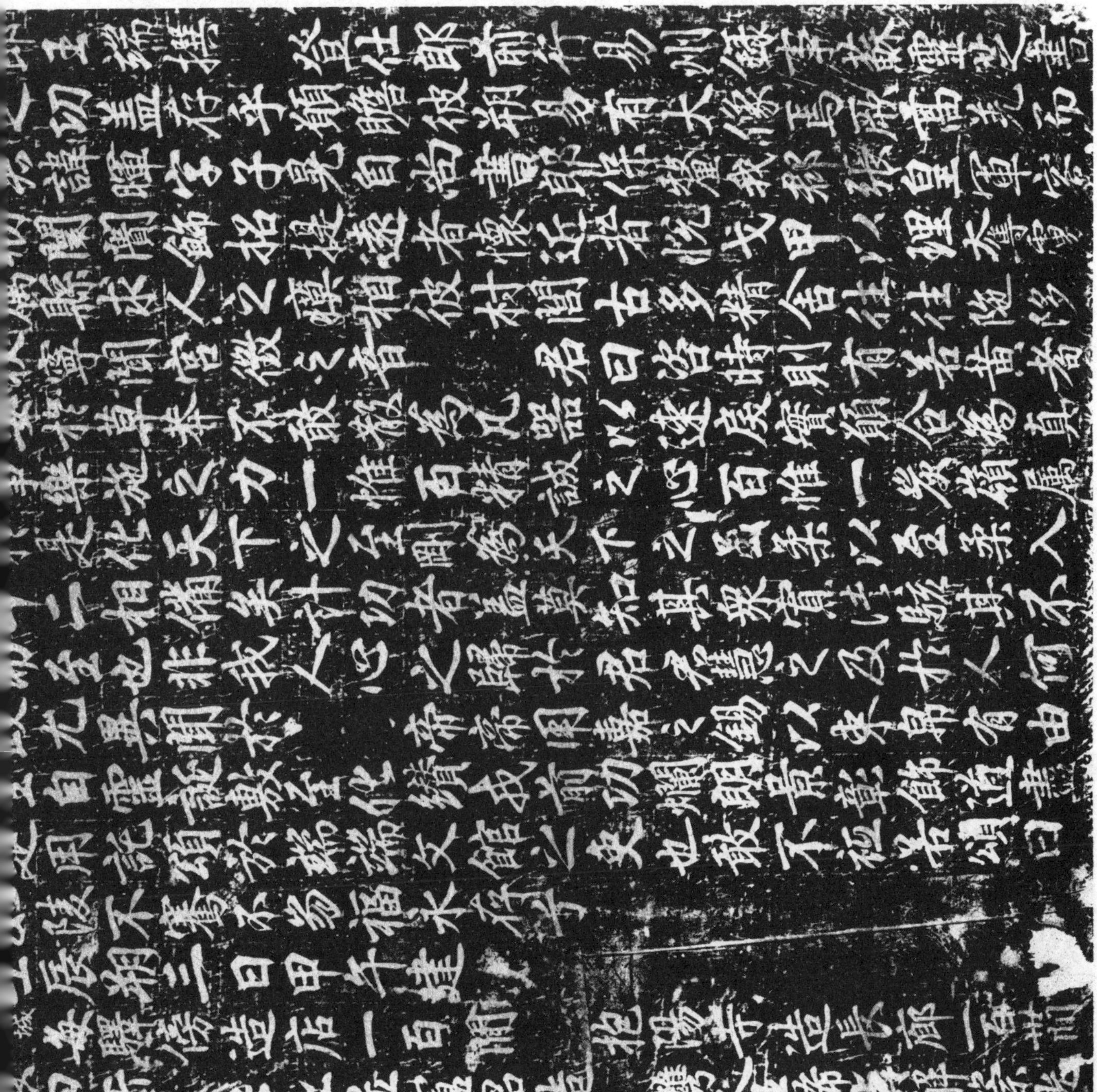

图 2-70 · 易州铁佛像颂碑拓本

金陵

金陵位于房山云峰山下。花岗岩形成的高峰巍峨耸立,其山麓地区更被左右两峰环抱,开口为西南方向。东西约八九町(约一千米),南北约七八町(约七八百米)。两条溪流自东西流过,在南边相汇。作为陵址是绝好的地方,金朝历代帝后诸王的陵墓均建于此。明天启二年(1622),爱新觉罗氏在金之故地建立满洲。攻陷辽阳时,依照明人形家之说,毁坏了所有山陵,断绝地脉,并在其地设关庙以为压胜之术。及至后来清一统天下,修筑太祖及世宗陵墓,置守陵户。关野贞曾亲赴其地,看到陵墓规模小,而且极度荒废,古制尽失。想当初,背倚云峰山,前面高原上历代山陵星罗棋布,陵前必可见整然的仪饰,而现存的仅为清初改建而成,不见旧制痕迹。大概是因为明末被彻底破坏,未能留下一石一土。记载历代陵寝备考的明《储罐柴墟集·房金源诸陵诗》中有"奉先西下乱山侵,涧道回旋入墓林。翁仲半存行殿迹,莓苔尽蚀古碑阴"之句,由此可知那时还存有石人石碑。(图2-71、图2-72、图2-73、图2-74)(关野贞 文)

图2-71·金陵·东陵·坟丘

图2-72·金陵全景

图 2-73 · 金陵 · 西陵 · 坟丘

图 2-74 · 金陵 · 东陵 · 前景

河北　YIXIAN
易县　COUNTY
　　　OF HEBEI
　　　PROVINCE

河北　XINGLONG
兴隆　COUNTY
　　　OF HEBEI
　　　PROVINCE

河北　JIXIAN
蓟县　COUNTY
　　　OF HEBEI
　　　PROVINCE

BEIJING CITY OF HEBEI PROVINCE

CHANGPING COUNTY OF HEBEI PROVINCE
FANGSHAN COUNTY OF HEBEI PROVINCE

YIXIAN COUNTY OF HEBEI PROVINCE
XINGLONG COUNTY OF HEBEI PROVINCE
JIXIAN COUNTY OF HEBEI PROVINCE

河北北京　　　　　　□
河北昌平　河北房山　□
河北易县　河北兴隆　■
河北蓟县

河北易县

清西陵

清室的陵墓，满洲兴京（现新宾）有肇祖以下四祖的永陵，奉天（现沈阳）有太祖福陵（东陵）、太宗昭陵（北陵）。顺治帝迁都北京以后，历代陵墓分为北京东北约二百七十里马兰峪（兴隆县）的东陵和北京西南约二百四十里的易县西陵。此陵参考了明朝陵制，规模稍劣，但宝城、方城等建造手法及石人、石兽等的设置，多少有些新意。

清西陵位于河北易县。最初营造的是雍正帝的泰陵（图3-1至3-12），接下来是嘉庆帝的昌陵（图3-13），然后是道光帝的慕陵（图3-14），最后是光绪帝的崇陵。（图3-15、图3-16、图3-17）

西陵与东陵相比相对受到人为破坏的程度较少，较好保存了当初的面貌。其规模与东陵大致相同，但慕陵与以往的建制稍有差异。其他陵墓因袭明陵同样建制，在明楼后筑土馒头状坟头，但慕陵省略了明楼，其坟如容器，规模很小。（图3-18、图3-19）正殿称隆恩殿，其他陵墓为重檐且内外施以丰艳色彩。但慕陵的隆恩殿单檐且为原木造，以雕刻代替色彩装饰。（图3-20）（关野贞 文）

图3-1·清西陵·泰陵·石坊

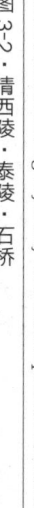

图 3-2・清西陵・泰陵・石桥

图 3-3 · 清西陵 · 泰陵 · 华表

图 3-4・清西陵・泰陵・石柱

图 3-5 · 清西陵 · 泰陵 · 石狮

图 3-6 · 清西陵 · 泰陵 · 石象

图 3-7·清西陵·泰陵·武官石像

图 3-8·清西陵·泰陵·文官石像

图 3-9 · 清西陵 · 泰陵 · 龙凤门

图 3-10 · 清西陵 · 泰陵 · 碑亭及前门

图 3-11 · 清西陵 · 泰陵 · 隆恩殿

图 3-12 · 清西陵 · 泰陵 · 二柱门、五供台及明楼

图 3-14 · 清西陵 · 慕陵前景

晚清民国时期中国名胜古迹图集·第拾贰卷·河北易县

图 3-13·清西陵·昌陵前景

图 3-15·清西陵·崇陵前景

图 3-18·清西陵·慕陵·五供台及坟丘

图 3-19·清西陵·慕陵·坟丘

图 3-16 · 清西陵 · 崇陵 · 隆恩殿

图 3-20 · 清西陵 · 慕陵 · 隆恩殿

图 3-17・清西陵・崇陵・石桥及前门

河北兴隆

清东陵

清东陵位于河北省兴隆县马兰峪，有顺治帝孝陵、康熙帝景陵、乾隆帝裕陵、咸丰帝定陵、同治帝慧陵之五帝陵。加上顺治帝后的孝东陵、康熙帝妃的景妃陵、乾隆帝妃的裕妃陵、咸丰帝妃的定妃陵、东太后及西太后的定东陵五妃陵。

清东陵之北不远处屹立着昌端山，东西南三面环山。孝陵建在昌端山南麓。

孝陵前面有长长的参道，南端有名为元宝山的小丘。从这里经过大石坊、大红门，再向里走有大碑阁，阁内有"大清孝陵神功圣德碑"。此阁四角有高达三十三四尺的大理石华表。阁北有名为影壁山的小丘，成为陵墓的屏障。绕过小丘，先有石柱一对，后有十八对三十六尊石兽、石人夹参道而立。经参道进龙凤门，过三孔石桥，登上小丘，才到孝陵正面。其正面先有碑亭，后有大理石桥，过桥到陵前门。正殿记明楼等其他建制度略似明世祖永乐帝之长陵，唯规模稍逊。

景陵在孝陵东南。其参道在孝陵参道途中向东分出，有碑阁，有桥，有石坊，有小碑阁，其间设石人、石兽像。正殿、明楼等所有建制与孝陵同。（图3-21、图3-22）

裕陵与景陵在规模、样式上几乎一样。定陵、惠陵在样式、规模上都稍逊于前述三帝陵。

孝东陵、景妃陵、裕妃陵、定妃陵、定东陵都造为同样大小，建制相同。定东陵即西太后陵，其装饰华丽之极，华美程度恐怕为明清时代之最。其中最有特色的是正殿，隆恩殿及前面左右之东配殿和西配殿的装饰。正殿建在白大理石坛上，有大理石高栏环绕。虽然样式与其他区陵墓相同，但高栏比以前见到的雕刻都要精巧。另外其他陵墓的正殿内外以同色装饰，而西太后陵正殿及东配殿、西配殿的柱子都用柚木，柱周围卷以金铜龙雕饰，斗拱、梁贯还有天井等，其上蟠龙尽漆金色。周围壁上，作金色浮雕，其装饰实为绚烂。

拥有如此为数众多、华丽之极建筑的东陵，近年或遭破坏，或遭发掘，导致现状荒废。（关野贞 文）

图 3-21·清东陵·景陵·隆恩殿

图 3-22 · 清东陵 · 景陵 · 五供台香炉

河北蓟县

独乐寺

独乐寺位于河北省蓟县城内。独乐寺观音阁为辽圣宗统和二年（984）再建，原为北宋太宗雍熙元年（984）所建。其不仅是现在中国所知最古老的木造建筑，而且规模宏壮，手法也很雄大，特别是内殿的构造，由于要安放制作出色的观音立像，因而建造得颇为奇巧，极尽良工苦心。如此特殊构造，完全没有发现其他类例。由此可以想象当时佛教的兴隆也使得建筑技术异常发达。

最值得注目的是本尊十一面观音像，其是和建筑物同时建造的，虽然经过后世修补加彩，但原貌犹存。全高五十余尺的伟岸躯体，为中国塑像之最。另其胁侍立像晚不过辽代，亦为罕见的杰作。

山门也明显是统和年间的再建之物，与观音阁同样。其构造手法为辽代代表之作。门内安置的金刚力士雕像也属辽代作品，后来虽经修补，但大体仍传承了当初的样式手法。

独乐寺在古来有名的大伽蓝明王宏祚的《修独乐寺记》中载："是州也宫观梵刹之雄，以独乐寺称。寺之雄，以大士阁称。阁之雄，以菩萨像称。"观音阁内殿正面悬挂乾隆御笔"普门香界"的匾额，初层正面悬挂咸丰御笔"具足圆成"，可见乾隆、咸丰年间寺运之隆盛。另外，"独乐晨灯"还被列入了渔阳八景。由此可知该寺自古以来便是著名胜地。

山门

山门为三间一扉单檐门。屋顶为庑顶，遗留了古制。门建在低矮的石坛上，前后各设一石阶。柱粗，有一斗二升斗拱，肘木的股形作凹曲线连弧，用切成斜角的拳端和薄实肘木承九梁。壁附第二、第三、第四出肘木，由通肘木面上稍稍突出。斗拱之间再作一斗二升斗拱，但柱上斗拱的制作手法多少有些差异。

房檐作二重椽，地棰圆而飞檐方，如普通所见，为后世改修，出檐和尺寸都有些小。

一端垂直切去柱贯和台轮为古制，现在中堂的彩棚和左右屋里的格窗都是后世附加的。中堂挂匾额，题"独乐寺"三字。

地上铺方砖，天井为彩色天棚，可见架两重虹梁，其上承载着板蟆股，短柱及三斗通肘木上承载着添梁、栋梁，两重虹梁各端斜出方杖以支撑栋梁及主房梁，此亦为古制。

屋顶用本瓦葺法，大栋两端的蚩尾颇带古风，与辽代建筑山西省大同的上下华严寺之大雄宝殿及薄伽藏教的建筑类似，大概是根据当初遗制所为。隅下梁的小梁上走兽并立，应为后世补修。

木材内外皆施简单色彩，左右侧壁内面画有四天王像，为后世所为。（图3-23、图3-24）

内部前面左右安置的金刚力士像皆高约十六尺，虽经后世修理补修，但面貌雄伟，作阿吽状。戴宝冠，佩胸饰，携金刚杵，扼腕，蹈足张脚，肌肉的张弛状态比较到位，颇为写实地表现了天衣、腰衣的衣褶及飞动的状态。虽然经过后人补修，但大体姿势、相貌还是继承了当初手法，与建筑物同属辽代之物。（图3-25、图3-26）

图 3-25 · 独乐寺 · 山门 · 金刚力士

图 3-23 · 独乐寺 · 山门前景

图 3-24 · 独乐寺 · 山门斗拱及屋檐

图 3-26 · 独乐寺 · 山门 · 金刚力士

观音阁

观音阁为一面阔五间，进深四间重层歇山顶大佛殿，立在石坛之上，前边设有月台。(图3-27) 上下屋檐全部于近世改修，因此出檐过短，使柱子有失纤细，与斗拱及其他尺寸的雄大不般配，有损建筑美感，令人惋惜。

初层前面中央三间，背面中一间为入口，两端房间及东、西、北三面是砖墙。柱子粗圆，没用台轮。斗拱为一斗四升，在金刚门上，有如连弧形股形肘木，一端斜切了去的拳端和低矮的实肘木，断面承接圆形九梁。其小天井机支轮虽均为后世改修，但仍多少留有当时遗风。壁附肘木一斗二升，肘木以上尽由通肘木出，与金刚门同样。

斗拱之间，在中央三间里置三重肘木的平斗拱，其下用短柱和板蟆股之类。斗拱似未到成品境地，不能让人十分满意。另外端间完全缺少平斗拱。

房檐虽为地柱圆飞檐方，但如前述为后世修改，颇呈贫弱之相。

前面三个入口，今扉不存。有花狭间的格窗，为原物或后世改修之物不明。(图3-28、图3-29)

上层也面阔五间，深四间。中央前三间为入口，与其他房间无墙分隔，环以套廊。一斗二升斗拱撑起腰檐，有勾栏环绕。上层斗拱为一斗四升，一斗三升。一斗四升用于二重尾柱。尾柱一端斜削，另一端有垂直削去的拳端，颇似古制。头贯之端，也同样为垂直切去。

斗拱之间用一斗二升斗拱，其下缺斗柱或板蟆股，下层同样。(图3-30)

内部周围的一间为外殿，中间阔三间深一间的为内殿，设唐风剞形佛坛，环以勾栏，颇具古式，是否为原物不明。坛上中央安置高约五丈余观音立像，其左右安置有高约十尺的胁侍立像（梵天及帝释天）。

殿内安置如此大像，所以内殿天井至上层洞开二重。初层为一斗二升，周围环以勾栏，置一雷文形梲子，其建筑手法令人想起法隆寺金堂五重塔及东大寺法华堂佛坛之勾栏。上重的地板切开为扁六角形，另用一斗二升斗拱支撑勾栏。勾栏的平梁地覆之间，置一种复杂的雷文梲子。斗拱间也用一斗二升斗拱，用以承负板蟆股之珍奇斗柱。由此初层至上层，大殿西方设有木制楼梯可上下，可到达大像腰部及胸部周围回览。

殿上层天井为藻井式，用一斗四升斗拱支撑，特别是大像上部作八角锥形藻井，各角梁间向上组成三角菱形。(图3-31)

上层外面有套廊环绕，用一斗三升斗拱的腰檐支撑，特别在前面中间处作宽，全体设勾栏。

内外都涂色彩以为装饰，但颇简朴。唯外部头贯、通肘木、圆梁、小壁等绘有彩图及花纹，为后世补加。

房顶以本瓦葺法，巴瓦、唐草瓦往往被认为是辽代遗物尤存至今。大梁中央载塔形物，两端托起鸱吻，下梁之端有一种旁吻，角上小梁上有走兽像，因不能近观，所以难言其年代。

内部安置塑造的大观音立像，概测其高度，从下层地面到上层楼面为三十三尺八寸，上层楼面至大虹梁下端为十五尺，由此到观音顶上约三尺，所以像高约五十一尺八寸。塑像如此巨大者，不见旁类。虽经后世补修加彩，但大体姿势保持了原貌，比例协调，面相颇温和，呈现庄严神情。(图3-32、图3-33)

观音立像前面左右立有胁侍（梵天及帝释天）塑像，都高约十尺，可惜的是右胁（观者左）失右手，左胁右眼损伤，失左手。(图3-34、图3-35) 现观此两胁侍，均相好温雅端丽，姿势整齐，衣纹皱褶颇具写实风格，且相当稳健，后世补修少，很好地展现了当初的式样。只是色彩纹饰为近世改描，但昔时余影大体犹存。其样式犹余唐风，由此可窥宁乐时代雕刻的余韵，实为现存辽代最古遗作，为无价之杰作。(关野贞 文)

图3-27 · 独乐寺观音阁平面图

图 3-28 · 独乐寺 · 观音阁前景

图 2-29·独乐寺·观音阁初层斗拱及屋檐

图 3-30 · 独乐寺 · 观音阁上层斗拱及屋檐

图 3-31 · 独乐寺 · 观音阁内部斗拱

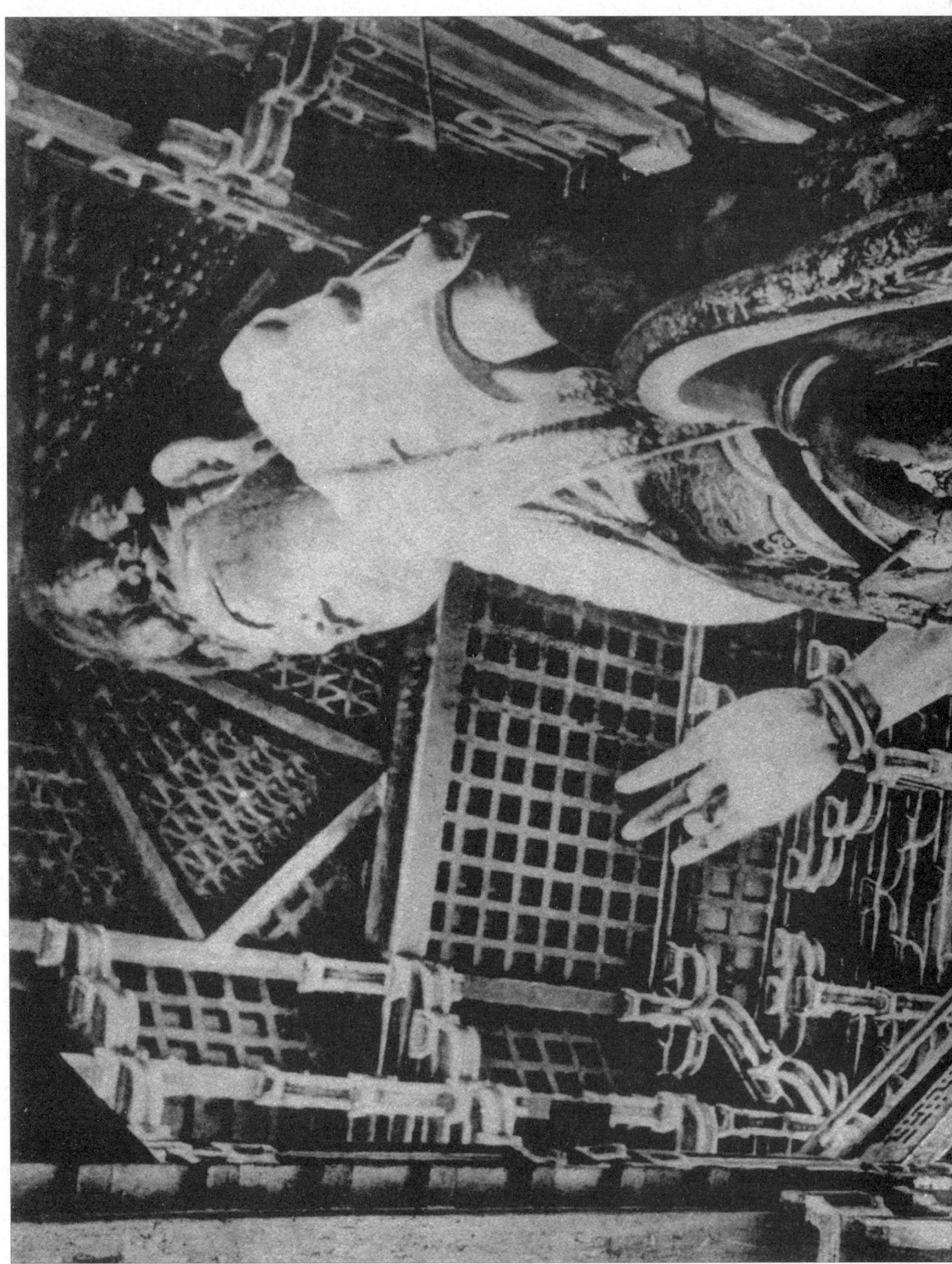

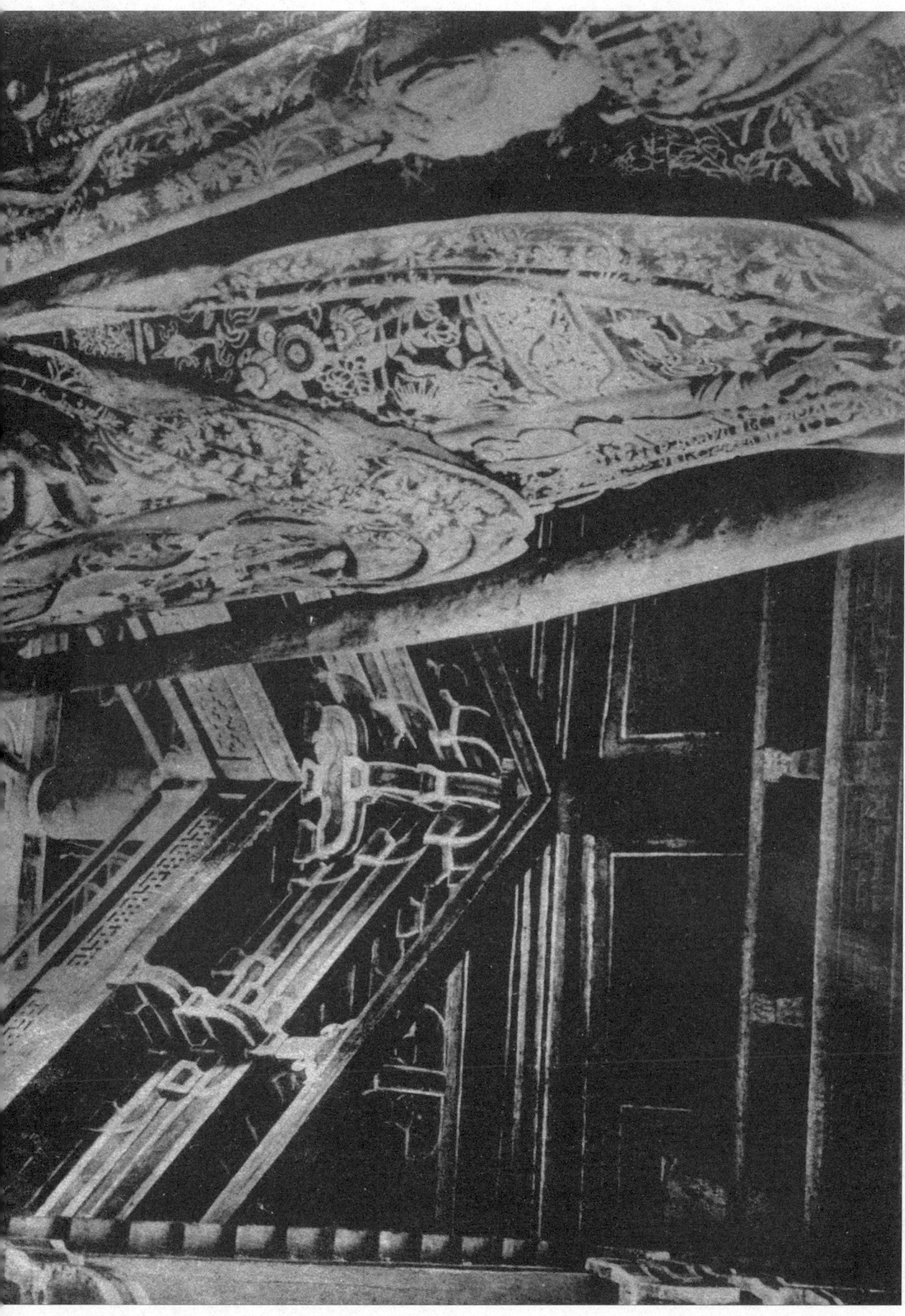

图 3-32 · 独乐寺 · 观音阁 · 本尊观音菩萨像

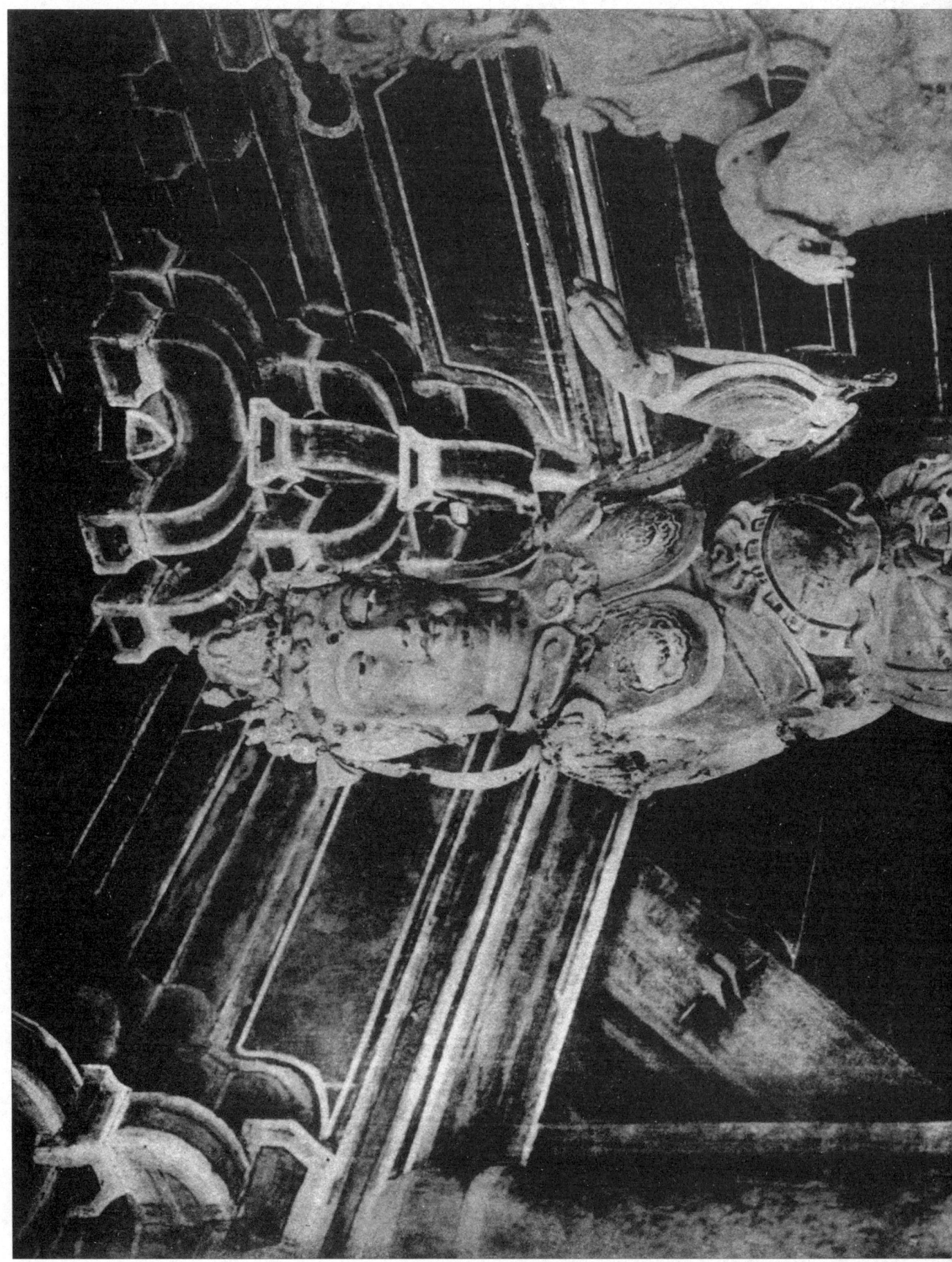

图 3-34 · 独乐寺 · 观音阁 · 右胁侍帝释天像

图3-33・独乐寺・观音阁・本尊观世音菩萨像头部

晚清民国时期中国名胜古迹图集・第拾贰卷・河北蓟县

图 3-35・独乐寺・观音阁・右胁侍帝释天像头部

译后记

接受这项翻译工作是在六七年前。当时我刚换了工作单位，从喧闹的大都会东京搬到了恬静小城长崎，作为新员工，工作量不是很大。那时张明杰老师正在组织人翻译这套书，借过来一看，觉得很有意思。跟国内对古迹、古建感兴趣的朋友聊起这事，说这套书如果能译成中文，是件很有功德的事，于是就开始译了。译稿一共57000多字，字数虽然不多，但确实很费时间。首先要面对的是大量陌生的如"切妻造""入母屋造""悬山顶""歇山顶"等古建筑术语。那时网上搜索引擎的覆盖范围还没有现在这么广，只好通过查词典、翻资料、请教行家等传统方法来解决这些疑问。

至于两位作者，一位是文学博士，一位是工学博士，都是在各自专业中鼎鼎有名的大学问家。要知道那个年代能拿到东京大学的博士堪比登天，特别是文学博士！身为东京大学和东洋大学教授的常盘大定，同时也是一位虔诚的佛教净土真宗僧人。1917年至1929年的12年间，他曾五次来华对中国的文化史迹进行实地勘察。除了这套《晚清民国时期中国名胜古迹图集》，他还出版了不少关于中国佛教史迹及佛教文化研究的专著。在《晚清民国时期中国名胜古迹图集·第十二卷》中，他撰写的部分超过了三分之二，对儒、释、道等文化史迹的介绍更是如数家珍、头头是道。特别是关于"雍和宫""白云观""居庸关""云居寺"等的记述文字，充分展现出了他深厚的宗教学知识。关野贞也是东京大学的教授，研究建筑史的著名学者。他曾多次赴中国和朝鲜从事勘察、保护文化史迹的工作，并多有著述。为了表彰他取得的学术成果，1917年他获得法兰西学士院颁发的"儒莲奖"，为亚洲获此殊荣者第一人。他对中国皇陵颇有研究，在《晚清民国时期中国名胜古迹图集·第十二卷》由他执笔写就的"明十三陵""金陵""易县清西陵""兴隆清东陵"等介绍文字中可略窥一斑。

作为明治昭和时代的学者，常盘和关野的汉文功底很深，书中行文文白相映，古朴典雅而又通俗易懂，很有年代感，读起来妙趣横生，很能引人入胜。希望这套书的翻译出版能让读者对中国文化史迹有进一步的了解，也希望能够更进一步提高人们对中国文化史迹的保护意识。

在此也感谢中国画报出版社的各位编辑，正是你们的辛勤付出，成就了这件很有功德的事。

周国强